JN128246

サウジアラビア、オアシスに生きる女性たちの50年

「みられる私」より「みる私」

Exploring 50 Years of Livelihood and Landscape Change in Wadi Fatima, Saudi Arabia

Ethnographic Collections of Motoko Katakura, a Japanese Female Cultural Anthropologist

半世紀前、サウジアラビアの一部地域の女性たちは、顔を覆うために装飾された面ブルグアを着けていた。

一・五センチ幅くらいの布と銀の紙でできた織りひもをつなぎ合わせて作り、鉛の飾りをつけ、鼻のところには、一列にコインを飾る。このコインをよく見ると、アメリカのもの、アジアのもの、トルコのものなどがあって、国際的であるのに驚かされる。メッカへの巡礼客がおとしていったものである。このブルグアを、各自たいてい二つ三つ持っている。母親が作ってくれたものと自分が丹念に作りあげたものである。家の中ではほずすこともあるが、ふだんはいつもかぶっている。私にも作ってくれたので着用してみたら、直射日光をさえぎって、顔はひんやりとし、砂嵐の攻撃からも安全な感じがして、思いのほか快いものであった。(『アラビア・ノート』77—78頁より)

ワーディ・ファーティマの未婚女性は、外出時にスマーダと呼ばれる布を頭からかぶっていた。赤や花柄が人気で、数十年前まで着られていた。

道で男性とすれちがうと、娘たちはスマーダの長いすそを頭からすっぽりかぶって、しゃがみこむ。男性の方も異性を見ることは慎むべきだとされ、歌舞伎のおやまのような仕草ですっと優雅に顔をそむける。（中略）女のスマーダは、たいがい真赤な花もようのデザインである。それをかぶってしゃがみこんだ姿は、赤いチューリップのつぼみのようで、ミニスカートなどより、よほどなまめかしい。そっと顔をそむけて通りすぎる若い男と赤いつぼみとの出会いの絵図は、江戸時代の版画にも似て沙漠のエロチシズムかもしれない。（『アラビア・ノート』１０４頁より）

左：スマーダをかぶった女性　撮影：片倉もとこ、1971-74年、ダフ・ザイニー村、KM_5578
本来は布を折り込み頭の上にのせるものであるが、この写真は長さがわかるようにあえて伸ばした状態で撮影されたもの。

右：スマーダをかぶった少女たち　撮影：片倉もとこ、1969年、ブシュール村、KM_0644
スマーダには、長方形の布の片方の短辺の端を、輪の部分をのこして縫い合わせた形のものもある。
左の写真のように長いものは珍しく、この写真のように短いものが一般的であった。

左上：台地を侵食してできたワーディ（涸れ川）　撮影：片倉もとこ、1969-70年、KM_1776
右上：ワーディに沿って植生がみられる　撮影：片倉もとこ、1969-70年、KM_1775
左下：ワーディでは灌漑で農業が営まれる　撮影：片倉もとこ、1969-70年、KM_1774
右下：1968-70年頃の緑豊かな

雨が降るとワーディに沿って水が流れる。流れる水はやがて伏流して地下水となり、ワーディに生育する動植物にとって大切な水資源となる。ワーディでは、植生が発達する。沙漠のなかにあって比較的水と緑に恵まれた場所である。

日本では「泣く子と地頭には勝てない」と、人間に対していわれるのに対して、かれらは、「サイルには勝てない」と自然に対していう。サイルとは、ワーディとよばれる沙漠のなかの枯河に、一年に二、三回くらいしかふらない雨がふったときに、一時的にできる川である。これが、洪水になり、人が死んだりすることもある。こういった自然のきびしさと、なんとか折り合いをつけて生きていくことが、人間にできるせいぜいのところであると、かれらは考えている。

そういう自然との共存意識は、人間の強さを信じて突進した二〇世紀には、かげのうすいものであった。人間は強いのだ、強くありうるのだと思うことは、わたしたち人間にとって、一種の快感ではある。がんばって突進していくための、はげましにもなる。しかし、人間の弱さへの自覚ももたれなければ、強いはずの人間が、いつのまにか滅んでしまう危険性もはらむのではないだろうか。（『イスラームの日常世界』37―38頁より）

片倉もとこが撮影した写真は、
半世紀前の生活の実像を教えてくれる貴重な資料である。
本書では、写真が撮影された場所を訪れ、景観の変化と生活世界の変遷を探る。

右：泉で遊ぶ子どもたち　撮影：片倉もとこ、1968年、アイン・アルハイフ、KM_6138

アルハイフにある泉（アイン・アルハイフ）の半世紀前と現在

左上：泉で遊ぶ子どもたち　撮影：片倉もとこ、1968-70年、アイン・アルハイフ、KM_3306

左中：2018年5月の泉の様子　撮影：遠藤仁、2018年5月、アイン・アルハイフ

左下：2018年12月の泉の様子　撮影：渡邊三津子、2018年12月、アイン・アルハイフ

はじめに——一般的なイメージvs等身大の生活世界

縄田浩志

アラビア半島のオアシスに生きる女性たちは、どのような変化を経験してきたのだろうか？
サウジアラビア西部に位置するワーディ・ファーティマ地域は、水と緑に恵まれたオアシスであった。1960年代末、急激な社会変化をむかえた同地で、文化人類学者の片倉もとこ（国立民族学博物館名誉教授、1937〜2013年）は、当時ほとんど不可能と思われた長期調査を2年にわたって行った。

本書では、片倉が現地で収集した標本資料と撮影した貴重な写真を手がかりに、半世紀後に実施した最新の追跡調査の成果を交えながら、飾面（ブルグア）や衣服（スマーダ）等、個性的で色鮮やかな物質文化をとおして、等身大のサウジ女性の生活世界の変遷を半世紀にわたってたどる。

ところで、日本社会におけるサウジ女性に対する偏ったイメージとしては、「黒いベールで顔まで覆い隠されることにより社会のなかで不自由に暮らしている女性」というものがある。それに対して片倉もとこは、ベールに覆われた女性たちとの出会いを通じて、女性たちは「見られる女」／「みられる私」ではなく、「見る女」／「みる私」としての私に関心があると気づいたという。その考察をよりどころに、サウジアラビアひいては広くイスラーム社会に対して抱きがちな固定的・一面的な理解を超えて、「ベールの内からみる」主体的に生きる女性の視点へと読者を誘いたい、と考えている。

なお本書は、企画展「サウジアラビア、オアシスに生きる女性たちの50年——「みられる私」より「みる私」（Exploring 50 years of Livelihood and Landscape Change in Wadi Fatima, Saudi Arabia: Ethnographic Collections of Motoko Katakura, a Japanese Female Cultural Anthropologist）」（2019年6月6日〜9月10日、国立民族学博物館にて開催、同年10月5日〜12月22日、横浜ユーラシア文化館にて開催）のもととなる研究成果をまとめた解説書である。

紫地に金糸の刺繍とビーズの装飾がほどこされた女性用衣服（個人蔵）

目次

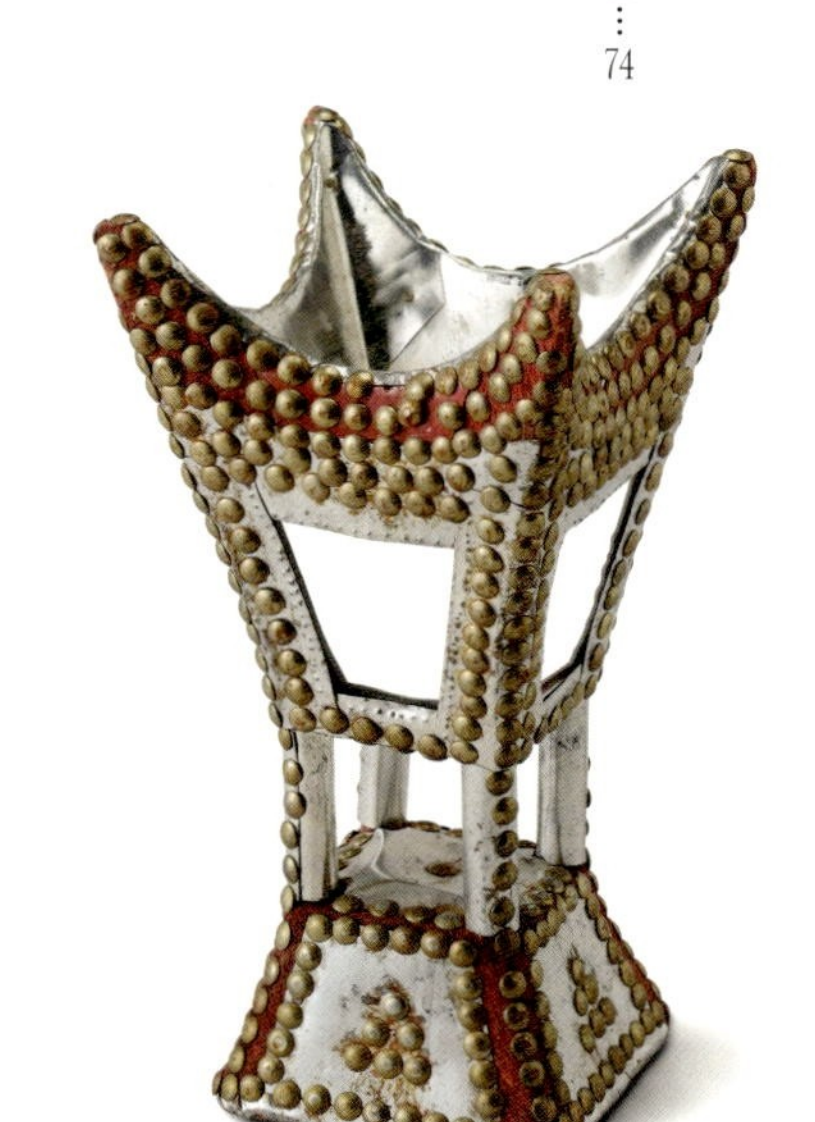

凡例

●本書におけるアラビア語は、サウジアラビアとりわけワーディ・ファーティマ地域で話されている口語的アラビアに準じた。「この地域で話されるアラビア語は、qをgと発音する以外は、古典アラビア語（正則アラビア語）に近い発音である」（片倉 1974）という記述に従った転写法を採用している。ただし、地名・人名・専門用語等で一般的に知られている名称がある場合は、括弧内に示している場合がある（例：ジッダ（ジェッダ）、サルマーン（サルマン）、クフル（コホル））。

●片倉もとこの著作からの引用文については、引用文末の括弧内に著書名・論文名、頁番号を明記した上で、文章全体を大きな括弧でくくることにより、引用文と地の解説文との違いがわかるようにした。なお、引用文の一部を省略した箇所は（中略）と示した。

●写真については、解説文につづいて、撮影者、撮影時期（およその年が示されている場合と年月が示されている場合がある）、撮影場所（国は全てサウジアラビア）の順に明記した。最後に、KMで始まる4ケタの番号がある場合は、「地域研究画像デジタルライブラリ」（略称DiPLAS）に登録された「片倉もとこ『アラブ社会』コレクション」登録番号を示し、本書掲載写真資料に関する著作権は国立民族学博物館にある。

●標本資料については、資料名につづく括弧内がHで始まる7ケタの番号の場合は、国立民族学博物館所蔵でその標本番号である。「MOKO財団蔵」は片倉もとこ記念沙漠文化財団所蔵を意味する。それ以外は個人蔵の場合とサウジアラビアのワーディ・ファーティマ社会開発センター蔵とジッダ女子工業大学蔵の場合がある。

●図表については、作成者を明記した。その元となる図表が存在する場合（もしくは著書の表紙画像の場合）は、著作権者に確認をとった上、加筆修正・改変・再掲載をし、出典となる文献情報を明記した。

●国立民族学博物館と横浜ユーラシア文化館で開催される企画展において展示予定の全標本資料の写真が、本書に掲載されている。なお、展示予定の標本資料の和名、英語名、アラビア語名、収集（もしくは受入）年代、収集地、所有に関する情報は、巻末にまとめて掲載標本資料リストとして掲載した。

［Ⅰ］

ベールの内からみる
「みられる私」から「みる私」へ

ベールに覆われた世界に入り込んで、
ベールの内から世界をのぞくと、そこにはどのような景色が広がっているのだろうか？
飾面や装身具、衣服や住居、生活用具といったモノをとおして垣間見えてくるのは、
「みられる私」ではなく「みる私」としての女性の姿である。

赤ん坊を抱き、飾面をつけた女性
長方形に空いた部分からのぞく眼は、撮影者をしっかりと見据えている。
撮影：片倉もとこ、1970～71年、シャーミーヤ村、KM_0596

アラビア半島——自然環境

渡邊三津子／縄田浩志

アラビア半島は世界最大の半島で、その面積はおよそ324万㎢におよぶ。半島のおよそ3分の2をサウジアラビアが占め、その南方から東方に、イエメン、オマーン、アラブ首長国連邦、カタール、クウェート、バーレーンが接する。

アラビア半島西部には紅海、南部にはアラビア海、東部にはアラビア／ペルシャ湾がある。その地勢は、西が高く東が低い傾向をしめし、紅海沿岸地域にはヒジャーズ山地、アシール山地等が連なり、山地の東側には台地が広がっている。〈1〉

アラビア半島の大部分が中緯度高圧帯に含まれるために、降水量が年間100㎜に満たない乾燥した気候が卓越し、植生のほとんどないアラビア沙漠や、乾燥に強い草本や灌木がまばらに生えるステップが大部分を占めている。

アラビア沙漠（アンナフード、ルブゥ・アルハーリー、アッダフナー沙漠の総称）は、アフリカ大陸のサハラ沙漠に次ぐ、世界最大級の沙漠のひとつである。アラビア沙漠の周辺は、地球上でもっとも高温になる地域のひとつであるが、一方で日中と夜間の気温の差が大きく、夜間の冷え込みは厳しい。また降水量も、季節や年による変動が大きく、年に何度も雨が降ることもあれば、数年間ほとんど降らないこともある。一方で、サウジアラビア西部のアシール山地から、イエメン西部のイエメン山地にかけては、モンスーンの影響をうけて年間300㎜を超える降水がある。〈1〉

アラビア半島を流れる河川は、総じて雨が降ったときだけ水が流れる季節河川であるが、ひとたび上流のどこかで雨が降ると一気に水が流れ下ってくるため、沙漠では洪水により人や家畜が溺死するケースも多い。このように雨が降ったときに水が流れる谷筋のことを、アラビア語でワーディ（涸れ川）と呼ぶ。流れる水は伏流して地下水を涵養（かんよう）するため、ワーディは、降水量の少ない乾燥地にあって比較的水に恵まれた場所であり、アラビア半島では、このような場所に緑のオアシスが形成される。

上：ラクダの放牧　撮影：片倉もとこ、1968-70年、ビーシャ郊外、KM_5922
下：アシール山地　撮影：縄田浩志、2001年10月、アブハー

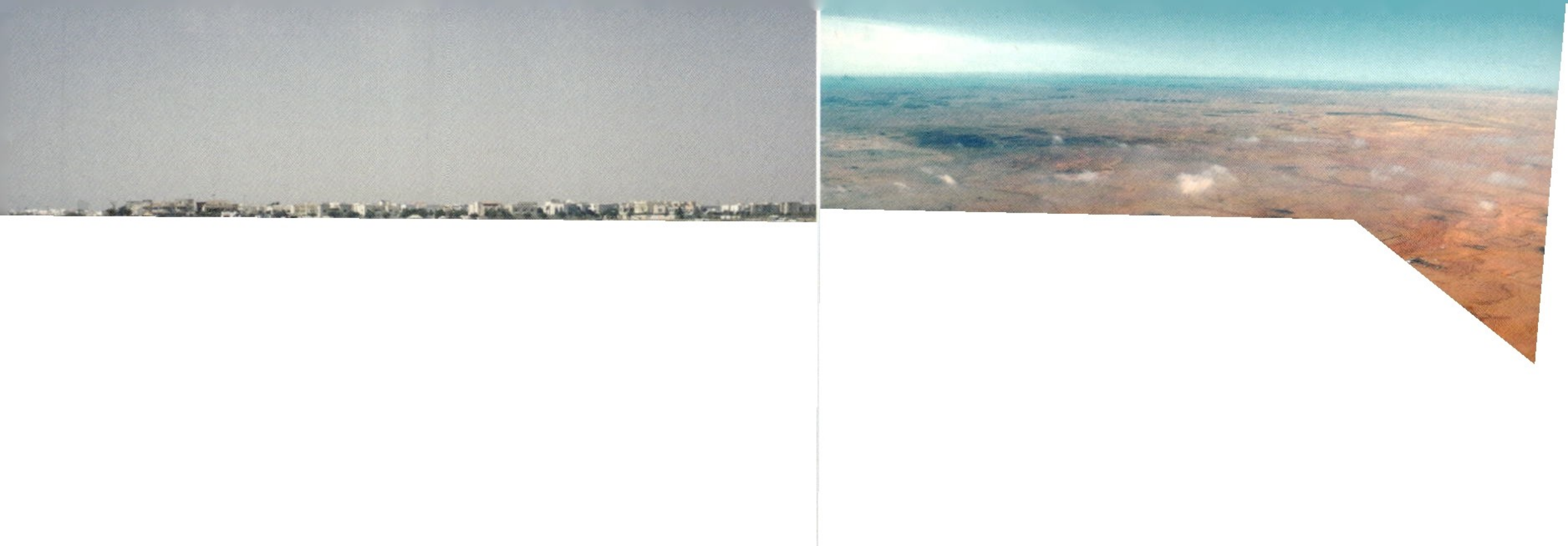

左:紅海沿岸の港町　撮影:縄田浩志、2003年12月、ヤンブゥ　右:アッヤリード近郊の沙漠　撮影:縄田浩志、2015年3月、アッリヤード近郊

アラビア半島の地図　作成:渡邊三津子
国土地理院が公開する地球地図全球版の標高データを利用して作成

注　〈1〉Stacey International and al-Trurath (2006)

サウジアラビア――国家の成り立ちと社会変化

片倉邦雄／アナス・ムハンマド・メレー

サウジアラビアは、アラビア半島の広い部分を占める君主国家である。イスラームの発祥地で聖地マッカ（メッカ）・マディーナ（メディナ）を擁する。面積は215万㎢で日本の6倍ちかく、国土のほぼ全域が乾燥した沙漠であり、降雨量が極端に少なく、雨が降っても散発的である。人口は約3000万人、首都はアッリヤード（リヤド）。国民のほとんどはアラビア語を話すムスリム。また世界有数の産油国として知られ、わが国の原油総輸入量の33％（2015年）は同国に依存しており、日本にとって重要な市場である。

同国の発祥としては、18世紀後半に生じたイスラーム改革運動を背景に、ナジュド（ナジド）の豪族、ムハンマド・ビン・サウードがオスマン帝国の支配下にあったアッリヤードおよびヒジャーズ（ヘジャズ）地域を平定し、二大聖地を含む広大な領域を版図として1932年にサウード王家の名を取ってサウジアラビア王国を建国した。現在国王の正式名称は「二つの聖モスクの守護者」とされる。

王国は第二次世界大戦後、油田開発を本格的に開始した。1950年代以降、外国企業の工場誘致等を行い、産業振興と共に国民の教育や公共事業等社会資本への投資が進み、国民の生業形態は遊牧から定着へと大きく変化していった。

また、イスラーム法にもとづいた社会のなかで、男女の厳格な隔離がみられてきたが、サウード国王が即位した1953年を境に女子教育が許可奨励され、とくに近年は驚くほどの変化を遂げており、2011年国王は婦人参政権の拡大を発表、2013年諮問評議会（マジュリス）の勅選議員150名中、女性は30名に達した。2016年「ビジョン2030」が発表され、2030年までの達成目標として、石油依存からの脱却をめざしてサウジアラムコ国営石油会社の株式上場、観光振興、汚職追放、女性の地位向上等が挙げられ、2018年には映画館での男女同席や女性の自動車運転が解禁された。

日本はサウジアラビアと2017年に「日・サウジ・ビジョン2030」を立ち上げ、投資拡大、技術移転及び教育等のソフトパワーを含めた幅広い分野で重層的に協力を進めている。1955年に外交関係が成立されて以来、皇室との交流を始めとし、2011年には国民的な文化祭典ジャナドリーヤに日本がゲスト国として参加する等、両国の友好関係は極めて良好に推移している。

現在、サウジアラビア遺産観光庁の指揮のもと、文化遺産の保全が進んでおり、2018年からワーディ・ファーティマ地域においても、半世紀前に片倉もとこが行った現地調査を追跡する学術調査を展開している。

サウジアラビアの社会変化と片倉もとこのフィールド調査

■印はサウジアラビア国内の出来事

中東とサウジアラビアの主要な出来事

- 1932 ■サウジアラビア王国建国
- ■初代アブドゥルアズィーズ(アブドルアジーズ)国王即位
- 1938 ■アッダンマーム(ダンマーン)油田の発見
- 1945 第2次世界大戦終戦
- 1948 第1次中東戦争
- 1953 ■第2代サウード国王即位、女子教育導入、女学校設立
- 1956 第2次中東戦争
- 1957 ■キング・サウード大学設立
- 1960 OPEC(石油輸出国機構)設立
- 1964 ■第3代ファイサル国王即位
- 1965 ■テレビ放送開始
- 1967 第3次中東戦争
- 1969 イスラーム諸国会議機構発足（2011「イスラーム協力機構」に改称）
- 1973 第4次中東戦争
- 1973 第1次オイルショック
- 1975 ■第4代ハーリド国王即位
- 1979 イラン・イスラーム革命
- 1979 第2次オイルショック
- 1980 ■政府がアラムコを完全国有化
- 1982 第5次中東戦争
- 1982 ■第5代ファハド国王即位
- 1986 ■国王の称号が「二聖モスクの守護者」となる
- 1989 マルタ会談により冷戦終結
- 1990 湾岸戦争開戦(1991停戦)
- 1992 ■統治基本法、諮問評議会法及び地方制度法の制定
- 2000 ■観光委員会(のちの遺産観光庁)発足
- 2001 アメリカ同時多発テロ事件
- 2003 イラク戦争
- 2005 ■第6代アブドゥッラー(アブドッラー)国王即位、地方議会選挙開始、国王奨学金プログラム開始(07年~日本への留学開始)
- 2010 チュニジアでジャスミン革命(アラブの春~2013)
- 2011 ■国立総合女子大学プリンセス・ヌーラ・ビント・アブドゥルラフマーン大学設立
- 2012 ■ロンドン五輪、初めてサウジアラビア女性選手が参加
- 2013 ■諮問評議会に女性議員30名任命
- 2015 ■第7代サルマーン(サルマン)国王即位
- 2016 ■「ビジョン2030」発表
- 2018 ■映画館が35年ぶりに復活
- 2018 ■女性の運転免許解禁
- 2019 ■リヤド国際マラソンに女性も初めて参加可能に

片倉もとこの略歴とサウジアラビア調査暦

- 1937年10月17日 奈良県にて誕生、上海で、幼少時から第2次大戦末期まで過ごす
- 1956 津田塾大学学芸学部英文科入学
- 1959 米国、チャタム女子大学に留学、中東、アルジェリア等からの留学生に出会い、イスラームに興味をもつ
- 1962 津田塾大学卒業
- 1963 エジプト、カイロ大学文学部アラビア語学科に留学(~1965)
- アラビスト外交官の片倉邦雄と結婚
- 1960年代中頃 サウジアラビア、パスコ株式会社三角点測量隊同行
- 1968 中央大学大学院修士課程修了(社会学)
- 1968 邦雄の駐サ大使館赴任に同行して、サウジアラビアへ
- **1968~1970 最初のワーディ・ファーティマ調査**
- 1971 米国コロンビア大学中東研究所客員研究員
- **1971~1975 毎年ワーディ・ファーティマを訪れて調査を実施**
- 1974 東京大学大学院博士課程(地理学)修了・理学博士
- ワーディ・ファーティマでの調査成果を博士論文にまとめる
- 1977 *"Bedouin Village"* 出版
- 1978 津田塾大学学芸学部教授
- 1981 国立民族学博物館教授
- **1982~1983 ワーディ・ファーティマ再訪**
- 1985~1986 カナダ、ブリティッシュ・コロンビア大学客員教授
- 1987~1989 アラブ首長国連邦、アブー・ザビー(アブダビ)、アラブ文献研究センター客員研究員
- **1988 ワーディ・ファーティマ再訪**
- 1990 邦雄の駐イラク大使館への赴任にともない、バグダードへ
- 1993 国立民族学博物館退職、以後名誉教授に。中央大学総合政策学部教授
- **2003 ワーディ・ファーティマ再訪**
- 2005~2008 国際日本文化研究センター所長
- 2008 第6回日本・アラブ対話フォーラム参加(アッリヤード開催)
- 2013年2月23日 永遠のフィールドワークへ旅だつ

- 2015年3月 片倉もとこ記念沙漠文化財団メンバーがワーディ・ファーティマ地域を訪問
- 2018年4月 第1回ワーディ・ファーティマ、フォローアップ調査(~5月)
- 2018年12月 第2回ワーディ・ファーティマ、フォローアップ調査(~2019年1月)
- 2019 企画展「サウジアラビア、オアシスに生きる女性たちの50年」を大阪、横浜で開催

オアシス、ワーディ・ファーティマの歴史

縄田浩志／渡邊三津子／アナス・ムハンマド・メレー

サウジアラビア西部に位置するワーディ・ファーティマは、紅海から30kmほど離れた内陸に位置し、水と緑に恵まれた地域として古くから知られる。

イスラームの聖地マッカ（メッカ）や、マディーナ（メディナ）と紅海に臨む港町ジッダ（ジェッダ）を結ぶ交通路の途上に位置することから、古くから香料交易の通り道として栄えた。11世紀の地理学者バクリーによれば[1]イスラームの成立前、この地域は水が多少苦い（マッラ）というイメージがあり、は「マッラ・ダハラーン（水が苦いワーディ）」の呼び名で知られていた。約3000年前からマッカを訪れる商人たちでにぎわう一大市場スーク・ムジャンナが築かれた。イスラーム以降は、マッカへの巡礼の道として、多くの人びとに利用されてきた。現在、旧石器時代の石器や交易路沿いの遺跡の発掘も進んでいる[2]。

1960年代、水資源の不足や商品経済の浸透が進んだ結果、人びとの定住化が進んだ。片倉もとこが住み込みで重点的に調査を実施したブシュール村とダフ・ザイニー村の両集落は、集落同士の中心間の距離が1kmほどの隣接集落である。片倉の調査開始時において、両集落はすでに成立していたものの、その定着化の度合いには差があった。当時すでに、成立から少なくとも20年以上が経過しており固定家屋が立ち並んでいたダフ・ザイニーに対して、ブシュールは定着開始から数年程度の新しい集落であった。中心地であるアルジュムームは現在医療都市として発展が期待されている。

地名の由来

メッカ近郊の大ワーディ（涸河。年に数回、降雨のときだけ川になる）地域ワーディ・ファーティマは、この地域の争奪戦にもっとも手柄をたてたフザア族の女性騎士、ファーティマの名にちなんだものだという。このファーティマという女性も、アラビア特有の彫りの深い顔をしゃんとあげ、きりりとひきしまったからだつきをして、颯爽とアラビアウマにまたがっていたのだろう。（『沙漠へ、のびやかに』14―15頁より）

商品名に「ワーディ・ファーティマ」と書かれたフレッシュミルク
水と緑の象徴として地名が商品名に使用されてきた。
撮影：遠藤仁、2018年5月、ジッダ

注　〈1〉Al-Bakrī 1983　〈2〉東京国立博物館ほか 2018

左:水と緑に恵まれたオアシス　撮影:片倉もとこ、1970年3月、ワーディ・ファーティマ上流、KM_0615
右:古代から栄えた市場スーク・ムジャンナ跡地　撮影:遠藤仁、2018年5月、ワーディ・ファーティマ

ワーディ・ファーティマ地域の衛星画像　作成:渡邊三津子
対象地域図の作成にあたっては、米国地質調査所が公開するLandsat8画像(2018年5月観測)を利用した。
Data available from the U.S. Geological Survey .(Landsat Images observed May, 2018)

半世紀の変化——画像資料からみる

渡邊三津子／縄田浩志

古写真や衛星画像等の画像資料の比較から、小さな集落で起こった変化の実像を知ることができる。たとえば1965年と2015年の衛星画像を比較してみると、現在植生が少ないワーディ（涸れ川）に、半世紀前には農地が広がっていたことがわかる。

1960年代の集落の写真をみると、日干レンガの平屋が点々とあるだけであったが、現在は焼成レンガやコンクリート製で鉄筋を使った建物が増えたことがわかる。一方で、集落内のどこからでもみえた山はさえぎられてみえなくなった。また、次第に電線が張り巡らされ、1980年代以降電化が進んだ。

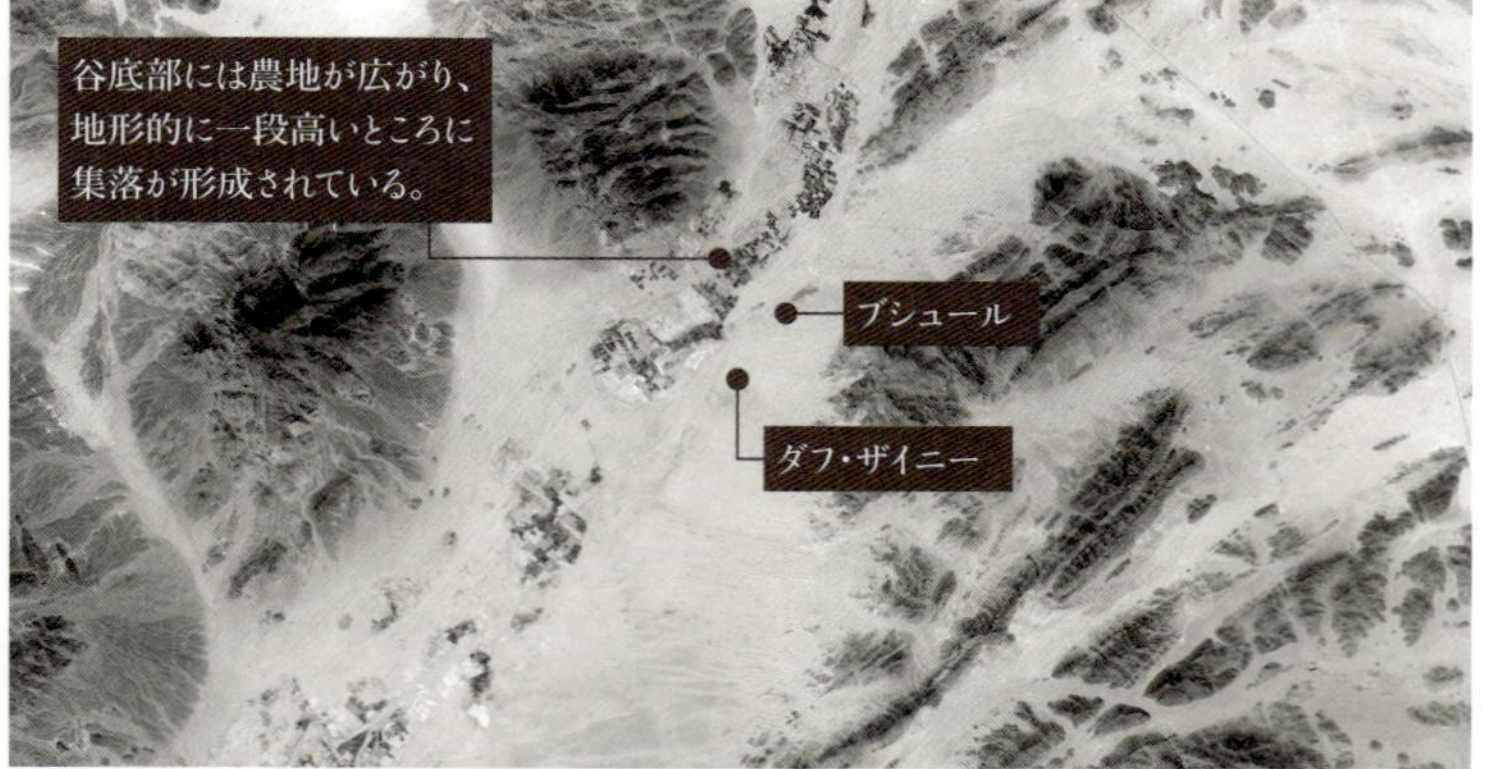
谷底部には農地が広がり、
地形的に一段高いところに
集落が形成されている。
ブシュール
ダフ・ザイニー

谷底部に広がっていた農地が
減少し、植生に覆われた土地が
少なくなった。
ブシュール
ダフ・ザイニー
農地が減少した一方で、
集落の世帯数は増え、沙漠に
新たな町もできた。

片倉調査時のワーディ・ファーティマ（Corona衛星画像：上）とその現在（SPOT6衛星画像：下） 作成：渡邊三津子
米国地質調査所が公開するCorona衛星画像（1965年5月5日）、SPOT6衛星画像（2015年4月17日）を使用して作成。
Corona data available from the U.S. Geological Survey

1960年代のダフ・ザイニー村とその現在
左：1960年代のダフ・ザイニー村　撮影：片倉もとこ、1968-70年、ダフ・ザイニー村、KM_3231
右：現在のダフ・ザイニー村　撮影：遠藤仁、2018年5月、ダフ・ザイニー村
1960年代は日干レンガの平屋が点々とあるだけだったが、現在は焼成レンガやコンクリート製で鉄筋の入った建物が増えた。

1980年代のダフ・ザイニー村の水くみ場とその現在
左：1980年代のダフ・ザイニー村の水くみ場　撮影：片倉もとこ、1982年11月、ダフ・ザイニー村、KM_1201
右：現在のダフ・ザイニー村の水くみ場　撮影：渡邊三津子、2018年5月、ダフ・ザイニー村
1980年代以降電化が進み、2階建ての建物も増えた。住宅ができたため水くみ場は数mほど移築され、
再利用されたコンクリートの囲いが当時の面影を残すのみとなっている。住宅が増えたために、マスジド（モスク）や山はさえぎられてみえなくなった。

文化人類学者・人文地理学者、片倉もとこ

河田尚子／藤本悠子
片倉もとこ（１９３７〜２０１３年）
１９３７年奈良県生まれ。理学博士。津田塾大学、国立民族学博物館、中央大学の教授を経て、国際日本文化研究センター所長を務めた。同センター、国立民族学博物館、総合研究大学院大学から名誉教授の称号を授与されている。
津田塾大学在学中のアメリカ留学の際に中東からの留学生たちと出会い、それをきっかけに、アラブ、イスラーム研究に従事した。世界各地のアラブ・ムスリム社会において広く現地調査を実施し、中東における文化人類学的・人文地理学的研究を切り拓いた先駆者である。
略歴

１９６２年３月……津田塾大学学芸学部英文科卒
１９６２年４月……京都大学文学部史学科入学（〜１９６３年３月）
１９６３年１月……エジプト、カイロ大学文学部アラビア語学科に留学（〜１９６５年３月）
１９６８年３月……中央大学大学院文学研究科社会学専攻修士課程修了
１９７１年９月……アメリカ合衆国コロンビア大学中東研究所客員研究員（〜１９７２年６月）
１９７４年６月……津田塾大学学芸学部助教授
１９７４年９月……東京大学大学院理学系研究科地理学専門課程博士課程修了　理学博士
１９７８年４月……津田塾大学学芸学部教授（〜１９８１年３月）
１９８１年４月……国立民族学博物館教授（〜１９９３年３月）
１９８９年４月……総合研究大学院大学文化科学研究科教授（併任）
１９９３年４月……国立民族学博物館名誉教授　中央大学総合政策学部教授（〜２００５年３月）
２００５年５月……国際日本文化研究センター所長（〜２００８年３月）
２０１３年２月……死去

わたしの原点も、やっぱり沙漠だなあと感じています。（『旅だちの記』１６７頁より）

アラビア半島から世界に広がるアラブ・ムスリム社会を追いかけてきた片倉もとこだが、晩年には、「沙漠が自分の原点である」として、不毛の地、緑化や開発をするべき土地としてではなく、沙漠そのものの美しさをひきだしたい、沙漠に住む人びとの文化を大切にしたいと強く願うようになった。その遺志をついで2013年11月に片倉もとこ記念沙漠文化財団が設立され、沙漠文化に関する学際的調査や、芸術的活動に対する支援等の活動を行い、現在に至っている。

上：仔ヤギを抱いた片倉もとこ
撮影：1970-74年、ダフ・ザイニー村、KM_5571
中：緑しげるワーディ・ファーティマにて
撮影：不明、1975年2-3月、ワーディ・ファーティマ、KM_3910
下：コーヒーの注ぎ方を教わる
撮影：不明、1970年8月、ダフ・ザイニー村、KM_6745

片倉もとこの人間像——ひとり三役をふり返る

片倉邦雄

中東地域をともに歩きまわった人生の相棒として、片倉もとこの姿をふり返ってみる。

1937年奈良で生まれたもとこは、父親の赴任に伴い上海の小学校で学んだが、太平洋戦争が激化し、米潜水艦に追われながら引き揚げた。もち前の国際性はその頃培われたのだろう。彼女が中東に関心をもつきっかけになった米国交換留学生計画の先輩であった私が、外務省でアラビア語を研修したこと等が絡み合い、1963年カイロで結婚、それ以来二人三脚で主として中東地域で活動した。

もとこは1960年代後半、二児の母となり、かつ大学院の学生として、三角測量実習や農漁村で住み込み調査を行いながら、アラブ地域社会の研究を目指していた。住まいの公務員住宅の壁には、難解なアラビア語のカードを小児の手の届かない高さでベタベタ貼って覚えていた。私がサウジアラビアの大使館勤務の内示をうけたとき、もとこは現地調査を考えたが、障害が多い同社会では、王族女性と接触するうちに何か得られるかも……ぐらいしか期待できなかった。

その頃、同王国は紅海沿岸のジッダ(ジェッダ)からマッカ(メッカ)方向に出れば道路の両側斜面に遊牧民の黒いテントが点在し、翌日にはさっと消えている風景が常だった。もとこは移動する彼らを辛抱強く追跡し、羊群を追う遊牧民の少女に話しかけようと近寄り、砂をぶつけられたりしながらも、70km離れたワーディ・ファーティマにたどりついた。調査の手がかりを摑んでからは、ジープでも沈没する沙漠の悪路にも慣れ、通った。

当時は人口調査等も進んでおらず、厳しい宗教的戒律や閉鎖性から情報提供者の確保は困難だったが、ワーディ・ファーティマ社会開発センター所長の温かい庇護を得て、もとこは家族構成、家畜保有数、定着化、土地所有、水利灌漑の実態等を綿密に調査した。本人がいつも述べていたが、自分が女性であるのみならず、既婚者であり母親であることが遊牧民の信頼を得る大切な要素となった。結婚式に夫婦で招かれることもあったが、男女のテントは隔離されており、私は男衆に囲まれ、ジュースと羊肉でおなかいっぱい。もとこは女性と男性のテントの間を往来し、華やかな衣装と歌や踊りの様子を伝えてくれた。

ただし、村民から「友人」としての付き合いなのか、「研究者」としての情報収集なのか、疑問を抱かれることもあった。研究者の宿命とはいうものの、妻、母親、研究者という、ひとり三役のジレンマに悩みながら、一研究者として「和して同ぜず」を貫き通し、生涯イスラームの理解に努めつつも一定の距離を置くようにしていた。これは「情の人」、もとこにとって辛い試練であったかもしれない。

上：サウジアラビアの高地ターイフにて水タバコで一服　撮影：不明、1969年、ターイフ、KM_2301
下：サウジ北部でパスコ（株）の三角点測量に同行　撮影：不明、1968年、不明（MOKO財団蔵）

片倉もとこの著作と考察

河田尚子／藤本悠子／縄田浩志

当時ほとんど研究がなかったアラビア半島の遊牧社会での長期フィールド調査の成果にもとづいて執筆した学位論文をまとめた*Bedouin Village*（1977年、アラビア語版は1996年）は、定着化が進む遊牧民社会を記録した文化人類学的・人文地理学的研究として、国際的に高い評価をうけた。サウジアラビア西部ワーディ・ファーティマ地域の歴史的背景、経済システムの変容、親族関係等の社会的側面を、とくに女性人類学者としての視点で初めて明らかにした民族誌情報によって、現在では当該分野の古典となっている。アラビア語版は、現地の大学で教科書としても長年使用されてきた。

同書を定量的データによる「骨」とすれば、定性的データによる「肉づき」として日本語で一般向けに書き下ろしたのが『アラビア・ノート』（1979年、左頁の写真はちくま学芸文庫版、2002年）であった。日本においてはほとんど知られていなかったアラビア人の普段着の生きいきとした生活や独自の文化を、やわらかな日本語でわかりやすく明らかにした画期的な作品として、アジア経済研究所開発途上国研究奨励賞（1980年）、東京海上各務記念財団優秀著書賞〈文化部門〉（1981年）、石油文化賞（1983年）を受賞した。

また、中東各地でのフィールドワークで得た知見をもとに、世界に広がったムスリムの日常生活、価値観、人間観をわかりやすくまとめ、「イスラーム的近代化」について展望した『イスラームの日常世界』（1991年）は、日本におけるイスラーム理解の醸成に多大な貢献をし、いまもなお広く読み継がれている。朝鮮語にも翻訳、出版された。同年、アラブ・イスラーム研究に新境地を開拓したことにより大同生命地域研究奨励賞（1991年）が授与された。

沙漠から海に出て行ったアラビアの「海のベドウィン」の存在を明らかにした『海のシルクロード（第二巻）』（1988年）は、「学問的スクープ」と評された。イスラーム世界における「動」の文化について考察を深めた『「移動文化」考』（1995年）においては、イスラーム世界のみならず日本における「動」の文化についても考察を広げた。

半世紀ちかくにわたる研究生活のなかで、片倉もとこは人びとの生活と文化に密着した、しなやかな実証研究を独自のスタイルで築きあげてきた。人間への優しいまなざしと、文化、文明への洞察に満ちたその仕事は、アラブ、イスラーム世界に限らず、概して非欧米社会への偏見と誤解に縛られやすい日本において、異文化理解と比較文明への社会的な関心を引き寄せた。病に倒れながらも、自分自身をあらゆる角度からみつめ直してフィールドワークし続けた『旅だちの記』（2013年）が遺作となった。

片倉もとこの主な著作（MOKO財団蔵）

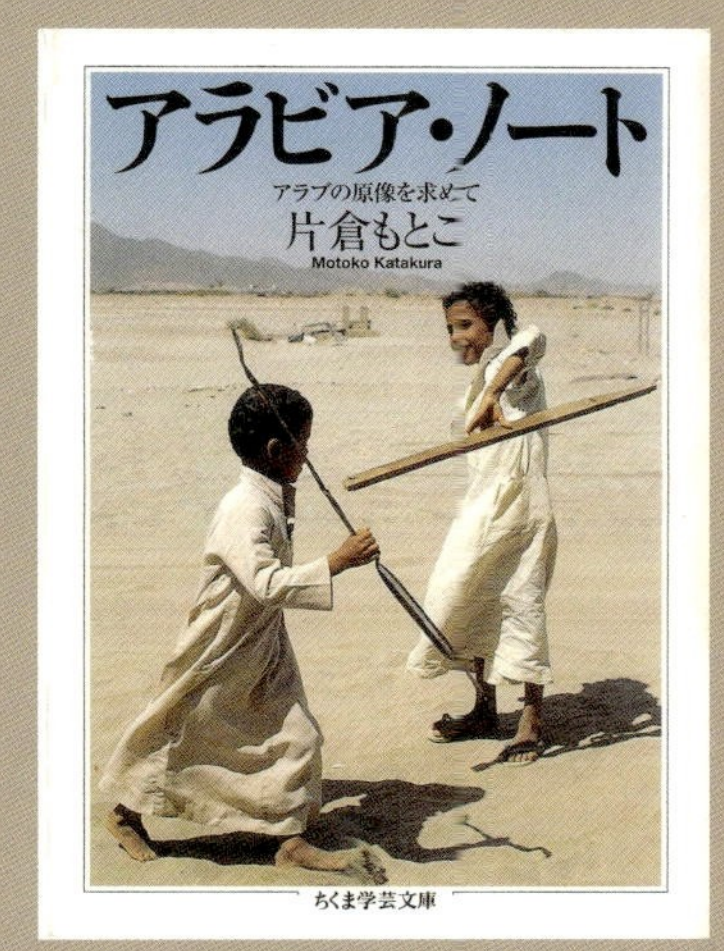

『アラビア・ノート』（2002年、日本語）
出典：片倉もとこ、
『アラビア・ノート』、表紙

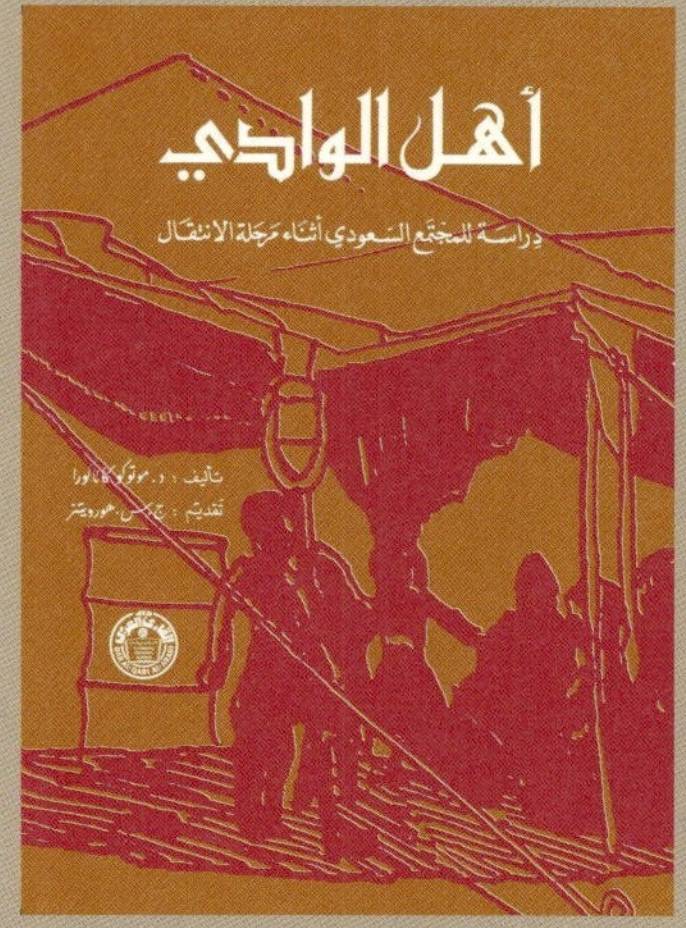

『*Ahal al-Wādī*』（1996年、アラビア語）
出典：Katakura Motoko、
『*Ahal al-Wādī*』、表紙

『*Bedouin Village*』（1977年、英語）
出典：Katakura Motoko、
『*Bedouin Village*』、表紙

片倉もとこが調べた人びと——定着遊牧民

縄田浩志

ワーディ・ファーティマ地域ブシュール村周辺において、1968〜70年頃には部族（アシーララもしくはガビーラ）の領地意識が残っていたと片倉もとこは述べている。クライシュの子孫であるというアシュラーフ族、ハルブ族、アンサールの子孫であるというシュユーフ族、フザーア族の集まりがあり、自分たちの領域とか牧草地に対する占有権をもっていた。ただし、ひとつの大きな領地をもっているというのではなくて、むしろ飛び地が非常に多かった。また同時に、たとえば方言だとか衣服、挨拶の仕方、昔からの詩のスタイル、織物のスタイル等には、文化的な共通性がみられた。

さらに部族自体のなかに、支族（アーイラもしくはアシーラ）単位の集団としてブシュリーとか、ムアッバディとか、ラヒーリとかが、ハルブ族の場合にはあり、お互いに社会的な関係をもちつつも、住みわけもしていた。部族間・支族間には、社会的関係が強い場合と弱い場合があり、また社会的関係とはまったく分離した形でもって、経済的関係を取り持つ場合とそうでない場合があったのである。

片倉は当時のサウジアラビアにおける遊牧民を、生活、換金物、家畜、地域（地形や自然要因のこと）のそれぞれの特色にもとづいて、「完全遊牧民」「半遊牧民」「定着遊牧民」「都市定着民」にわけて、それぞれの間の可変性について考察した。ワーディ・ファーティマ地域で集約的な調査対象とした人びとは、井戸に依存する農業を行い、定着集落をつくり、副業としてはナツメヤシ製のうちわや敷物等を製作する「定着遊牧民」であり、「遊牧民集落」（すなわち*Bedouin village*）を形成していると概念化したのである。「遊牧民集落」という時、完全または半遊牧民であったものが定着した集落という意味のみでなく、将来において、定着から移動生活への可逆性をもっていることも同時に意味」している。[1]

定着化が進む過程で、マスジド（モスク）やマクバラ（墓）ができあがるのと相前後して、次々に居住家屋の様式も変化していった。居住様式は、ハイマまたはバイト・シャアル（羊毛を編んでつくったテント）、ウシャ／イッシャ（ナツメヤシ製の小屋）、サンディガ／サンダガ（ブリキ製の箱の家）、バイト・ムラッバまたはバイト・ティーン（日干レンガ製の四角い平屋の家）、バイト・シミント（セメント製の家）の5種類があり、定着が進むと、ハイマ、ウシャ、サンディガ、ムラッバ、シミントの順で住居形態が変わっていくのが普通であった。

また、そのような定住化した人たちの間には、方言や衣服という場合には、支族さらには部族単位にとどまらない。地域性と呼べる重なり合いも観察されたという。ちかくに住むものたちは割合よく似た服装をし、お互いに影響し合い、流行の服装を取り入れることもあったのである。[2]

注 〈1〉片倉 1974 〈2〉片倉 1985

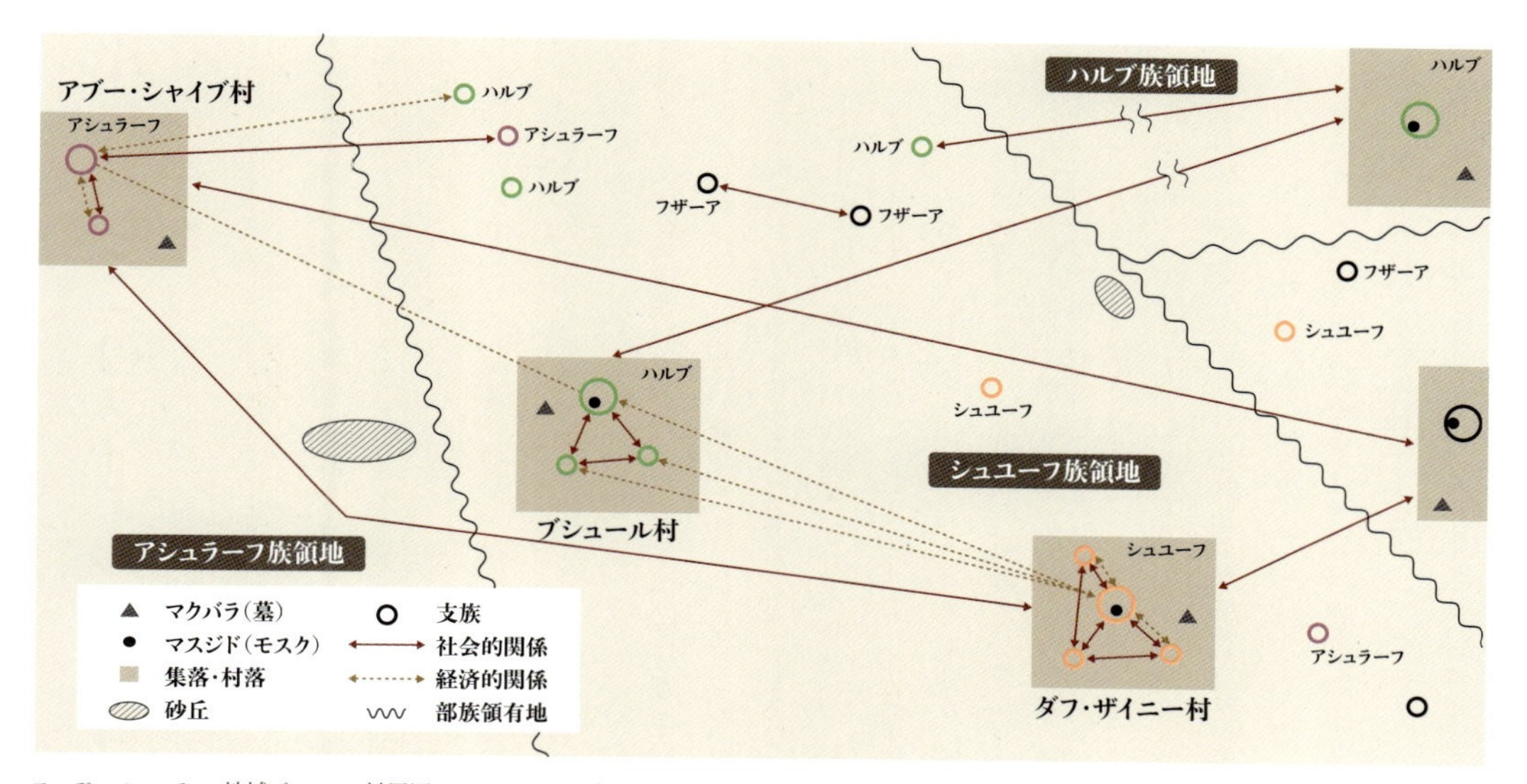

ワーディ・ファーティマ地域ブシュール村周辺において1968-70年頃に観察された部族の領地意識と支族間の社会的・経済的な関係性についての概略
出典:Katakura 1977, Fig. 8、片倉 1974、図5をもとに加筆修正

	生活手段	換金物	家畜(1世帯平均)	地域
完全遊牧民	●牧畜(水、草を追って遊牧移動)	●サムナ(ガナムの乳脂) ●マディール(ガナム、ラクダの乳のかす※を干したもの) ●スーフ(ガナムの毛) ●ワブル(ラクダの毛) ●ラクダ ●ガナム(ヤギ、ヒツジ)	●ラクダ20頭以上 ●ガナム(ヤギ、ヒツジ)100頭以上	●砂沙漠 ●岩石沙漠(アンナフード地方に多い)
半遊牧民	●降雨に依存する農業(アサリ) ●出かせぎ ●猟(鳥等自給用) ●養蜂(山岳地のみ) ●牧畜	●農作物(スイカ、飼料) ●労働力 ●養蜂 ●牛ふん(肥料用) ●ウシ(食肉用)	●ラクダ3頭以下 ●ガナム50頭以下 ●ウシ1〜2頭	●ワーディ ●山岳地帯 ●都市近郊(ヒジャーズ地方、東部地方に多い)
定着遊牧民	●オアシス、井戸に依存する農業(定住集落をつくる) ●副業(ナツメヤシのうちわ、敷物等の製作)	●農作物 ●ウシ(食肉用) ●ロバ ●ハト、ニワトリ、卵 ●労働力(農業労働者として) ●ナツメヤシのうちわ、ナツメヤシの敷物	●ガナム2〜10頭 ●ロバ1〜2頭 ●ウシ1〜2頭 ●ウサギ、ハト、ニワトリ	●オアシス ●ワーディ(半島南部、東部に多い)
都市定着民	●給料所得 ●商業	●労働力 ●商品 ●土地	●ハト、ニワトリ、ウサギ	●海岸地帯 ●盆地 ●オアシス近郊

1968-70年頃のサウジアラビアにおける遊牧民の生活様式の変化の図式
出典:片倉 1974、表1をもとに加筆修正　※「ラクダの乳のかす」とは、おそらく酸乳の沈殿を乾固させたもの

↕可逆性を示す

片倉もとこのフィールド資料を読み解く

渡邊三津子／古澤文／遠藤仁／縄田浩志

片倉もとこが遺した膨大な研究資料は、フィールド調査写真、論文・著作物執筆に際してのアイデアや構成等を記したカード類、フィールドで収集した衣服、生活用具類等多岐にわたる。膨大な写真資料のなかで、サウジアラビアをはじめとする中東地域で撮影、収集されたものがもっとも多い。フィールド写真資料の原本には、35㎜のネガフィルム、ポジフィルムのほかに、120㎜フィルム(ブローニー版)、紙焼き、ベタ焼き等があり、2018年12月現在で6万1162シーン分の存在が確認されている。その内訳は、ネガフィルム1万8589シーン、ポジフィルム3万29シーン、ブローニー版11シーン、紙焼き1万382シーン、ベタ焼き2151シーンである。これらのうち、中東地域で撮影されたものを中心として、約1万5400点が、国立民族学博物館が運営する「地域研究画像デジタルライブラリ」(略称DiPLAS)に「片倉もとこ『アラブ社会』コレクション」としてアーカイブ化された。

下の缶箱は、最初のワーディ・ファーティマ調査の35㎜ネガフィルムが収められたものである。また、次頁の茶封筒のなかには、ネガフィルムのコンタクトプリントが詳細なメモが書かれた小封筒に収められていた。*Bedouin Village* の根幹をなす調査の重要資料である。

ここでは、オリジナルのフィルムから、コンタクトプリントと紙焼き写真を作成し、それらをメモやキーワードごとに封筒に分類していくという方法をとっている。地理学者・文化人類学者である川喜田二郎が提案した、いわゆるＫＪ法[1]に触発されたものとみられ、片倉の資料活用方法を知るうえでも貴重な資料といえる。

片倉直筆のメモ

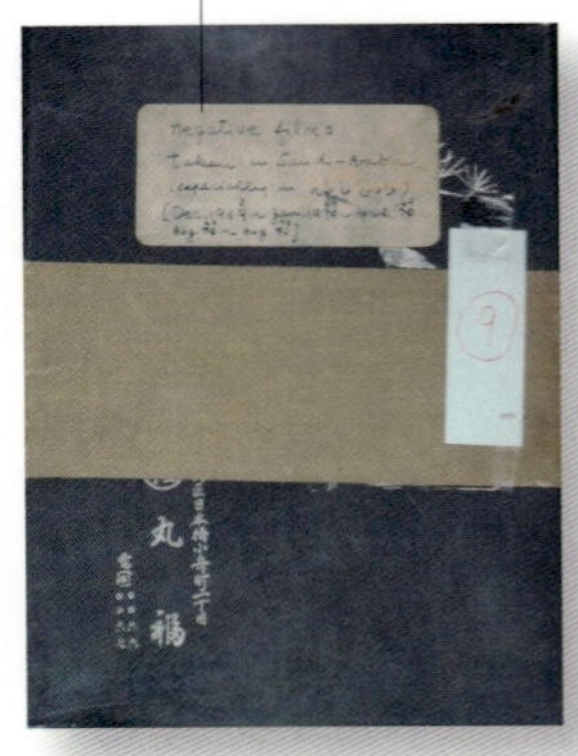

缶箱の蓋

缶箱の中身

缶箱のなかに保管された35mmネガフィルム入りのケース群(MOKO財団蔵)
フィルムケースの蓋の一部には、撮影時期や撮影内容を記した片倉自筆のラベルが貼付されている。

注　〈1〉川喜田 1967

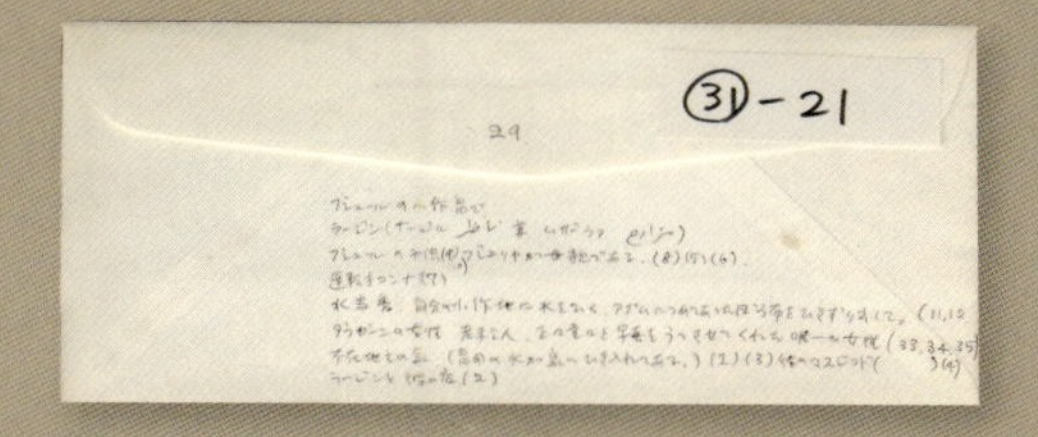

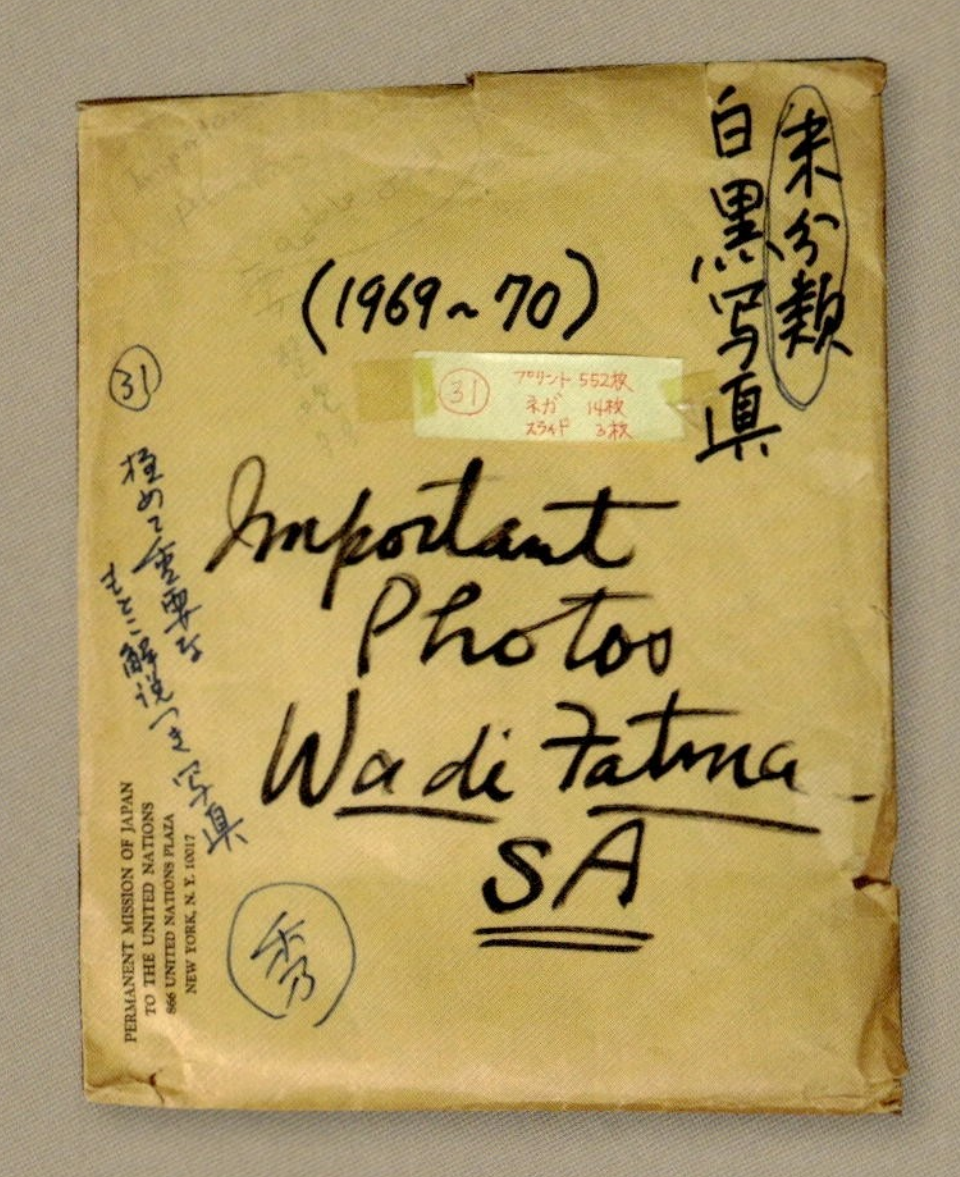

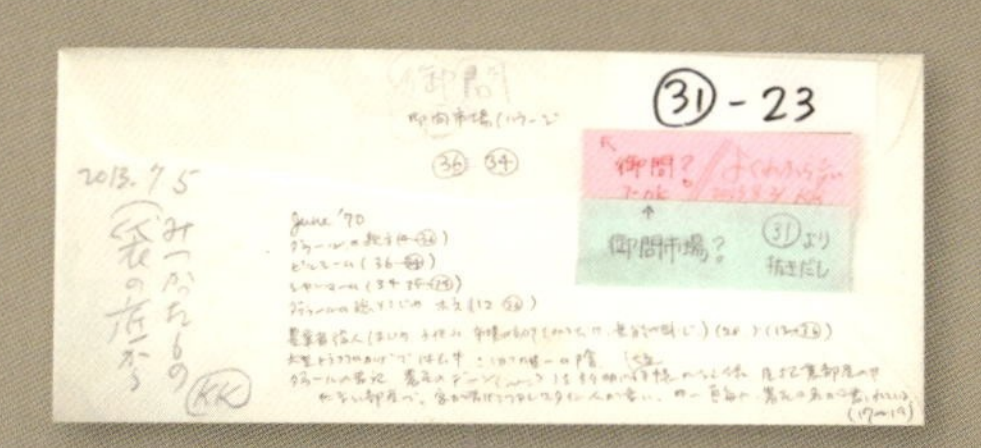

ワーディ・ファーティマ調査写真のコンタクトプリントとメモ付き小分け封筒をまとめて保管した封筒
（MOKO財団蔵）

50年で一番変わったことは？

河田尚子／藤本悠子／縄田浩志

ワーディ・ファーティマ地域の年配の女性たちに「50年経って一番の変化は何ですか？」ときいてみると、「住まい」という答えが返ってきた。一間(ひとま)だけの家やテントに住んでいたのが、幾部屋もある広い家に住むようになったことだという。その次にあげたのが、「水くみに行かなくてよくなったこと」であった。

乾燥地に適応してきた人間の歴史において、長距離の移動には家畜の皮製の水ぶくろ、定住地では土製の水つぼを使うのが長く一般的であった。1960年代は生活用水を井戸でくんでいたが、配水車と水道の普及で井戸はやがて使われなくなった。井戸への水くみで女性が頭にのせて運ぶ容器は、1960年代にはブリキ缶へ、1970年代にはプラスチック製へと変化し、いまでは水道の蛇口をひねればよくなった。当時、井戸は水くみに来る男女の出会いの場でもあったが、いまはそのようなこともなくなってしまったのである（118頁「水くみの道具にみる半世紀の変化」参照）。

水を運ぶ女性たち

砂嵐のひどくないときには、日よけと砂よけ用のかぶりものを頭に巻きあげ、素顔を露にして夫やきょうだいの男たちと肩をならべ、「えんやこら、タッタッタアー」と、沙漠に響き渡る彼女たち独特のかけ声をはりあげて、井戸の水を汲みあげる。これを皮袋に入れて運ぶ。あるいは、タナカとよばれるあきかんに入れて、頭の上にひょいとのせ、しゃっきりとしたまっすぐな姿勢で、すたすたと運んでいく。（『沙漠へ、のびやかに』15頁より）

1960年代のダフ・ザイニー村の井戸(左)とその現在(右)
左:1960年代の井戸　撮影:片倉もとこ、1969年10月、ダフ・ザイニー村、KM_5579
右:現在の井戸跡地　撮影:遠藤仁、2018年5月、ダフ・ザイニー村
1960年代は生活用水をくむのに欠かせなかった井戸は、配水車の普及により次第に使われなくなった。

左:ロバが運ぶ配水車　撮影:片倉もとこ、1970年、ジッダ、KM_0700
右:現在の配水トラック　撮影:渡邊三津子、2018年5月、ワーディ・ファーティマ

写し撮られた生活世界

縄田浩志

片倉もとこが撮影したモノクロ写真に、手作業をする女性の姿をとらえた一枚がある。女性が顔を覆う飾面、体にまとう衣装、床に置かれた生活用具、そして手作業によりつくりあげているモノ等その日の彼女をとりまく日常風景が写し撮られている。よく見ると飾面であれば鼻の部分にコインが配置されていること、頭や髪を覆う一枚布は、少し透過性があり、所どころに花柄が付いていること、床に置かれたのはひじかけにもまくらにもなるクッションであること、ナツメヤシの葉を帯状に編みこんで敷物をつくっていること等を、さらに読み取ることができる。

本書では、古写真とそれに写り込んだモノが何であるかを特定し、物質文化としての詳細な特徴を研究する。半世紀前の暮らしを記録した貴重な写真である反面、白黒ゆえにわかりにくいこともある被写体のディテールも、ある時期、ある場所に生きた、ある女性の等身大の日常生活の一面として蘇らせる。物質文化という切り口から生活世界の全体像と一人ひとりの人物像を照らし出していく。その研究プロセスを、読者と共有していきたいと考えている。

写真を撮らなかった夜会

ハリーム（既婚の女たち）の夜会では、どっきりするような猥談をきゃっきゃっと、とりかわしたりもする。手ぶり身ぶりもはいることがあって、ひどく生々しい。わたしが恥ずかしがると、おもしろがって、「あんたはビント（未婚女性）みたい」と、よけいに話をエスカレートさせてわたしをからかう。（中略）わたしのきょうだい分のようなヌールやマリアムなどは、「かまわないよ」といってくれるが、いろいろな女性がたくさん集まってくる夜会の写真は、とうとう一枚も撮らなかった。あの色彩ゆたかなファッション、うたい踊り笑いさざめく女たちの集い（つど）は、荒野の夜に、夢のような美しい絵巻物を展開しているのであるが、それをカメラやカセットレコーダーのようなちゃちな文明器具で撮りおさめるよりは、彼女たちのわたしへの信頼と好感のほうを大事にすべきだということは、はっきりしていた。（『沙漠へ、のびやかに』20頁より）

右：写し撮られた日常生活　撮影：片倉もとこ、1968-70年、ダフ・ザイニー村、KM_2397
A：女性用頭・髪覆い（MOKO財団蔵）　B：クッション（ひじかけ兼まくら）（H0100386）
C：ござ（MOKO財団蔵）　D：飾面（MOKO財団蔵）

写真の利用許諾をとる

縄田浩志／遠藤仁／渡邊三津子／石山俊／藤本悠子／アナス・ムハンマド・メレー

本書では、片倉もとこが50年前からサウジアラビアにおいて継続的に撮影した写真を掲載している。一般に写真を公開して利用する場合には、撮影者の権利と並んで被写体となっている人物の権利を考慮しなければいけない。

さまざまな立場の関係者とともに多角的な検討を行った結果、チラシやポスター／展示会場／著作での利用、日本／サウジアラビアでの公開・出版において異なった条件がしめされた。使用範囲および公開時の画像利用条件(顔をぼかす、手をぼかす等画像処理の必要性の有無)について、最終的には、写真1点ごとに被写体本人もしくはその家族や関係者に利用許諾のサインをもらった。

左頁上の写真の場合、左側の飾面姿は民族誌写真として貴重であるが、これを公開利用するためには、すでに本人は亡くなっているため、現在成人となった娘(中央の赤ん坊)から承諾を得た。右側の女性(赤ん坊の姉)も亡くなっているが、存命中の家族からは承諾を得ることが残念ながらできなかった。このような写真を利用する場合には、人物特定ができないように顔の部分をぼかす処理をしている。

それでもこの写真は、日本における展示会場での公開と、日本語での出版(本書)における掲載についてのみ、関係者により利用が許可された。その一方、企画展のチラシやポスター、ウェブをつかった宣伝には用いないでほしいという強い要望があった。くわえてサウジアラビア国内における展示会場での公開や出版における掲載は許可されなかった。

以上のような理由から、本書に掲載された写真の二次利用が厳禁であることについて、あらためて理解をいただきたい。

Motoko Katakura Foundation for Desert Culture
2-21-1-610, Tomigaya, Shibuya-ku, Tokyo 151-0063
TEL: 03-6407-9873　FAX: 03-6407-9090
Mail: office@moko-f.com

بسم الله الرحمن الرحيم

أقر أنا الموقع أدناه لا مانع لدي من نشر هذه الصورة التي صورتها البروفسورة موتوكو كاتاكورا اليابانية وذلك لإستخدامها في :

١_ النشر العلمي في المتحف (　　)

٢_ النشر العام في المتحف (　　)

٣_ النشر في الكتب و الإبحاث العلمية (　　)

٤_ النشر في الإستندات و البوسترات (　　)

٥_ الإستخدام في المعارض و المؤتمرات (　　)

٦_ يمنع نشرها (　　)

و على ذلك جرى التوقيع

الإسم :　　رقم الصورة : (　　)

التوقيع :　　التاريخ :

写真の利用許諾に関する書類
作成:片倉もとこ記念沙漠文化財団、協力:ワーディ・ファーティマ社会開発センター

上：ある女性の家族写真　撮影：片倉もとこ、1968-70年、ブシュール村、KM_2238
下：写真の利用許諾を得るための話し合い　撮影：遠藤仁、2019年1月、シャーミーヤ村

一枚の写真が取りもつ縁

縄田浩志

片倉もとこは多数の貴重な写真を撮影し、著書・論文ではあわせて個人のエピソードを豊富に紹介した。

村人に写真を確認してもらっている過程で、もっともうれしい出来事のひとつはアリーさんとの出会いであった。その写真は建物を中心として村の様子を撮影した左頁上の写真で、確かにその手前にピントはシャープではないが、少年の姿が認められる。その少年は村の景観を撮影している最中にたまたまそこを通りかかったか、写真撮影に興味をしめしているうちにフレームに入り込んでしまったか、撮影者の案内をしていたのだろうか……。名乗り出てくれたアリーさんは、写真を感慨深げに眺めて「この場所を案内してあげよう」と言う。これは自分が子どものころ住んでいたダフ・ザイニー村の家のすぐちかくということであった。

村は様変わりしていた。当時の家屋は取り壊されたり大幅な増築がほどこされて、面影をほとんど残していなかった。それでも、このあたりは広場であったとか、この建物はその後に建築されたものであるといった情報をアリーさんから得て、撮影場所も特定することができた。そして写真が撮影された場所がわかったことで、その前後に片倉もとこが撮影したと考えられる村の景観の一連の写真の撮影場所も次々と同定することができた。「50年後のアリーさんも一緒に写真を撮ってもよいか」とお願いすると、笑顔で快諾してくれた。

アリーさんと出会い、新たな関係を築きあげることができたのは、半世紀前の一枚の写真が取りもってくれた縁だと感じる。アリーさんは言った、「この写真を次回来たときにでも、私にくれないか」と。当然の申し出である。もちろん「そうさせてもらいます」と即答した。

上：子どもの頃の自分が写り込んでいた写真を感慨深げに眺めるアリーさん
撮影：縄田浩志、2018年5月、ダフ・ザイニー村
下：左頁下の写真の再現撮影に協力中のアリーさん
撮影：縄田浩志、2018年5月、ダフ・ザイニー村

上：片倉が1960年代に撮影したダフ・ザイニーの風景　撮影：片倉もとこ、1968-70年、ダフ・ザイニー村、KM_3234
下：上の写真の撮影場所で当時の様子を再現　撮影：遠藤仁、2018年5月、ダフ・ザイニー村

半世紀前の人物を探しあてる

藤本悠子／河田尚子

片倉もとこはワーディ・ファーティマを、晩年に至るまで繰り返し訪れた。しかし残念ながら、本格的な再調査は行わないまま亡くなってしまった。2015年に私たちが同地を訪れた際、片倉の著書に何度も登場した「ある女性」に会うことができた。彼女は親族を集めて大歓迎してくれ、片倉の調査当時に使っていたお気に入りの飾面や衣装を着てみせてくれた。

この女性に出会うことができたことにより、人びとの生活が調査当時と半世紀後でどのように変化しているのか、再調査できる希望がみえてきた。そこでまずは、片倉が撮影した膨大な写真から、①半世紀後の成長した本人に会える可能性が高い、子どもが被写体のもの、②著作に掲載されておりキャプションを手がかりに新たな情報が得られそうなもの、③著作未掲載だが女性の暮らしを生きいきと捉えているものを、被写体個人を特定する資料として計200枚ほど選んでみた。このうち、著作に掲載された写真はごく少数であった。というのも、片倉は調査の際、相手との信頼関係を構築することを優先し、はじめのうちはカメラもテープレコーダーもノートももたずにいたという。

3年後の2018年にワーディ・ファーティマを再訪することができた。しかし残念ながら、その女性は他界されていた。ご本人に片倉の撮影した写真をみていただきお話を聞くことは、かなわなくなってしまったのである。それでも、彼女の子ども、親族の女性たちが集まってくれ、被写体女性が誰であったのかについてうかがうことができた。後ろ姿の写真でも、被写体全員の名前を見事に特定していった。飾面の女性も、後ろに写り込んでいた人物本人が義妹だと名乗り出たことから、亡くなった女性こそがその飾面の女性であると確認できた。そして、その女性の長女は、母が片倉に飾面を買って贈ったことを教えてくれ、同時に母の遺品である衣装一式を私たちに託してくれた（158頁「託された遺品」参照）。そのひとつであった飾面が、本書

『アラビア・ノート』に掲載されたブルグアをつけた女性の写真　撮影：片倉もとこ、1980年、ダフ・ザイニー村、KM_6749
「ブルグアとよばれる飾面。日よけ、砂よけになり、つけるとひんやりして快い」とある。（『アラビア・ノート』、79頁より）

の表紙を飾っている。

一方で、2019年に再度訪れ、写真の利用許諾を求めた際、義妹は自身の顔が特定できる形では使用しないでほしいと私たちに表明してきた。そして、その女性の息子は、母の手にモザイク等の加工を条件に使用を許諾した。被写体個人、そして家族親族によって、写真の使用条件が異なることがわかり、意向は予想より複雑多様であった。被写体を特定する作業は被写体の子世代、孫世代にまでおよんだ。こうした写真の利用にあたっては、彼女らと共に写真の情報価値を高めていくことが重要であるといえる。

片倉が調査中泊まりこんでいた一家の女性たちが写真の被写体を誰も特定できずにいたところ、当時10歳未満だった親族の男性が、飾面を着けたある女性を見て「これは私の母だ」とすぐに特定してくれたことがあった。男性は、普段飾面をつけた女性を見慣れているため、素顔を知る女性よりも見分けられることがあるということだろう。

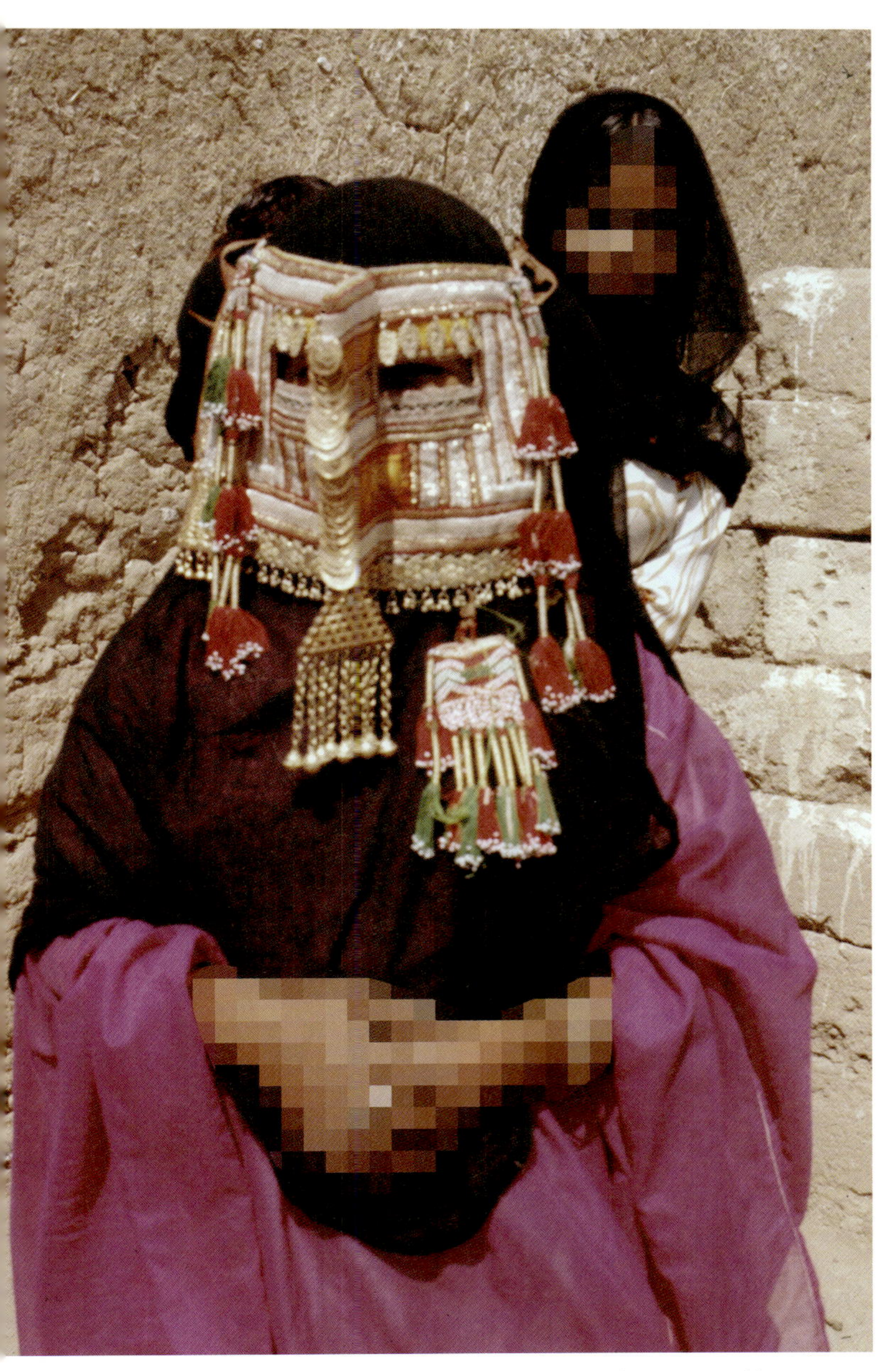

お気に入りの飾面を着けた女性とその義妹　撮影:片倉もとこ、1980年、ダフ・ザイニー村、KM_0584

「みられる私」から「みる私」への変身——「匿名の解放感」

藤本悠子／郡司みさお／渡邊三津子

ワーディ・ファーティマにおける女性たちとの出会いを通じて、片倉もとこは「みられる私」ではなく「みる私」としての女性像に気づいた、という。

サウディアラビアのベールは、うすい黒い紗のようなものでできていて、これを顔にもかけます。わたしはフィールド・ワークの間、いつもこれをかぶっていました。砂よけ、紫外線よけにもなりますが、これをかぶると、わたしのほうから外は大変よく見えるのです。しかし、向こうからわたしの顔は、シワもシミも、全体の顔もよく見えないのです。きょうは、立派な男性がたもいらっしゃって、お顔をよく拝見したいのですが、このベールをかぶると、もっとジロジロと見せていただくことができるのです。向こうからこちらはよく見えない、ということには、ときめくような「匿名の解放感」があります。サウディアラビアの女性たちは、匿名の解放感をエンジョイし、ショウ・ウィンドウにならべられて、値ぶみされる商品になることをきっぱりとこばんでいる、ということでしょう。彼女たちは、お化粧も家のなかでしたほうがいいと言うのです。不特定多数の人がいる外に出るときにお化粧をするのは売春婦みたい、と言う人もいます。一緒に外出しようとして自分の口紅をとる人もいてビックリしたこともありました。「みられる女性」から「みる女性」への変身は、わたしたちにもなにか教えてくれるような気がいたします。（『旅だちの記』319―320頁より）

イスラーム世界の外では悪名高き(?・)ヴェールはこれまでイスラームの後進性の象徴であるかのように、非難されてきた。ヴェールは砂や日ざしをよける効果もあるほか女性の容姿が商品化されることを防ぐ意味もあり、近年、エジプトやトルコなどでもインテリ女性のヴェール着用が急増している。ヴェールをかぶることにより、容姿だけで判断されずに中身で勝負するようになることで、女性の社会的進出が促進されるという面もある。女性たちは日本社会でのような「見られる女」ではなく「見る女」なのである。（『イスラーム世界』8頁より）

上：贈られた飾面をつけて　撮影：不明、1968-70年、ブシュール村、KM3017
下：飾面の贈り物　撮影：不明、1968-70年、ブシュール村、KM_3020

「ゆとろぎ」とは

西尾哲夫

片倉もとこが「ゆとろぎ」ということばをはじめて使用した著作は、『イスラームの日常世界』(岩波新書、1991年)だった。片倉は長年のフィールドワークにもとづく経験から、アラビア語で「休息」を意味する「ラーハ」ということばが、日本語の「くつろぎ」だけではなく「ゆとり」という意味をも含んでいることに気づいた。そしてアラブ世界の「ラーハ」がつつみこんでいる概念をあらわすために「ゆとろぎ」ということばをつくりだした。この「ゆとろぎ」という価値観をはぐくんだものは、片倉もとこが強調した「移動文化」だった。

片倉はアラビア半島の沙漠でベドウィン(アラブ遊牧民)と生活をともにし、そのときの経験をもとに「移動文化」の想を得たという。ベドウィンは、水や草を求めて移動する暮らしを通じて移動に適した生存戦略をつちかい、独自の価値観を形成していった。片倉の著書『イスラームの世界観——「移動文化」を考える』(岩波現代文庫、2008年)によれば、対人関係の所作や情報を重要視する商人的性格にはこのような価値観が投影されている。

私が調査をしてきたエジプトのシナイ半島に暮らすベドウィン社会には、よそ者を迎えいれるためのダヒールと呼ばれる制度がある。たとえば、保護を求めてテントにはいってきた人をいったんダヒールとしてうけいれた場合、ホスト役の主人はどのようなことがあろうとも、そのよそ者を保護しなくてはならない。故郷のティクリートに逃げこんだイラクのサッダーム・フセイン元大統領の捜索が難航したのも、彼が地元の住民にダヒールとして受け入れられていたからだった。

このようなダヒール制度は、生活空間に明瞭な境界を引かない移動文化がはぐくんだ集団意識を反映したものであり、「ゆとろぎ」の概念にも通じている。言いかえれば、「ゆとろぎ」とは対人関係における緩衝地帯を指しており、本来は「あそび」の空間を意味する「ラーハ」というアラビア語の原義にも対応している。

「ゆとろぎ」は、移動の民ベドウィンの世界観から抽出された「移動文化」というキーワードと結びついてイスラーム世界を読み解く有効な概念ともなる。グローバル化が進んだ現代世界は単一の価値観で覆われようとしているが、いっぽうではそれに逆行するかのように民族紛争や文化衝突が頻発している。このような状況にあって共生関係を築いていくためには、移動による世界観をもつ人びとが他者との共生戦略としてはぐくんできた「ゆとろぎ」をめぐる思索が大きなヒントを与えてくれるだろう。

ゆとろぎ

もうひとつの文明を考えてみるのに、わかりやすい鍵は、アラビア語で、ラーハと呼ばれるものではないかと思えます。日常の生活のなかに、なにげなく存在する「ゆとり」や「くつろぎ」です。

日本では、何かを成し遂げたあとに、ごほうびのように、あたえられるのが、ゆとりで、それは物質的ゆとりであることが多いようです。それをめざして一生懸命に働いたから、ちょっとくつろぎましょう、という具合に、「くつろぎ」も、「ゆとり」も、仕事のあとにくるもののようです。

しかしこの世界では「ゆとり」と「くつろぎ」も人生のなかで、まず大事にされるべきものと考えられます。「ゆとり」の時間をもつために、仕事もする、が、仕事自体がラーハになればそれにこしたことはない。

ラーハには、「学ぶこと」、「ねむること」、「瞑想(めいそう)すること」、「旅をすること」など、いろいろのものがふくまれます。わくわくいきいきと生きていることがラーハであるといいます。

労働のあとに許されるごほうびとしてではなく、人生でなによりも先に大事にされるラーハを、わたしは、「ゆとり」と「くつろぎ」をたして、「りくつ(理屈)」をひいた言葉「ゆとろぎ」にしてみました。「理屈抜きに、いつくしむ生」という意味あいをこめて。

(『ゆとろぎ――イスラームのゆたかな時間』xii-xiii頁より)

「遊牧のベドウィンの人たちの生活を見ていると、(中略)はじめはそんなものなくたって生活していけるのにって思ったんですよ。だけど、あの人たちの生活というのはそれこそが目的なんですね。そうやってゆったりした時間をもつということが生活なんです。だから彼らからみればそれは生活必需品なんですね。(中略)コーヒーポットの柄をつかむのに、鍋つかみのようなコーヒーつかみを使うのです。それにとっても凝った刺繍などがしてあるんですね。ふだんそれをラクダの背のところに置いておいたり、テントのところに置いたり、装飾にもなってますのね。そういうふうに、私たちのいう必要と不必要が渾然一体となって、トータルに彼らの生活に全体として必要だということになっているんです。」(「《対談》遊牧と農耕のモノの文化をたずねて」48頁より)

熱いコーヒーポットを
つかむための布(MOKO財団蔵)

「ラーハ」とは

藤本悠子

「ラーハ」という言葉について、片倉もとこが調査した当時のワーディ・ファーティマ社会開発センター所長であったアブドゥルラヒーム・アルアフマディ氏は、２０１６年11月に開催された「ゆとろぎ賞第２回授賞式対談」において、以下のように語っている。

講演するアブドゥルラヒーム氏　撮影：藤本悠子、2016年11月、東京都千代田区

アブドゥルラヒーム氏が語る「ラーハ」

アラビア語の〝ラーハ〟という言葉について言うと、日本語への翻訳ということもあるでしょうが、人が何事かを成し遂げた時に感じるもの、というのを〝ラーハ〟であると私は捉えています。すごく疲れていて、それから解放されて楽になったとか、そういった意味での〝ラーハ〟というよりも、何かを成し遂げた時に覚えるものではないかと思います。

もとこさんはワーディ・ファーティマで、日本と違う環境、自然や宗教も違う村、しかも女性として、その村の社会に入っていくなか、日本と違う環境で、非常に困難に直面したと思いますが、努力して乗り越えました。そしてついにサウジの女性たちとも友人になりました。サウジの男性たちにも歓迎され、学びたいことを学び取っていくことができた訳です。

〝ラーハ〟は、その疲れから解放されたというよりも、何事かを成し遂げたことで心の安らぎ、誰も傷つけることなく、みんなのために何事かをなし得たという、そういう時に感じるものだと考えます。私がサウジの学者たちに、ラーハ賞（ゆとろぎ賞）が設けられたということを話すと、彼らはびっくりしました。それはすごく斬新だから。新しい賞でこれは非常に評価に値するたぐいまれな賞だというふうに思います。（『片倉もとこ記念沙漠文化財団ニューズレター Vol.4』6頁より）

コーヒーを飲みながらくつろぐ男性
撮影：片倉もとこ、1970年1月、ダフ・ザイニー村、KM_3002

[Ⅱ]

住まう
暑い乾燥地の快適空間

暑い乾燥地において、日陰と空気の流れを生み出し、
内と外、男と女を隔てつつ、プライベートな空間を演出する伝統工芸ラウシャン。
2階の窓から外はよくみおろせるが、1階の外からはなかはみえない。
その快適空間では、くつろぎの時間が大切にされる。

暑熱と寒暖差への対応

アラビア半島にはルブゥ・アルハーリー（ルブアルハリ）、アッダフナー（ダフナ）、アンナフード（ナフド）等の大きな砂沙漠がある。片倉もとこの調査地であるワーディ・ファーティマも砂に囲まれた地帯である。ルブゥ・アルハーリーでは、年間降水量が35㎜以下で、真夏の最高気温は50℃にもなる。[1]乾燥地は植物がびっしりとは生えないので、家畜を移動させながら暮らすことが多いが、その場合には体全体をゆったりと覆う衣服が、温度の高い外気や強い日光の輻射熱による熱の流入を防ぐシェルターとして機能する。つまり、衣服が移動可能なテントのような機能をしている。もともとアラビア半島では衣服の主な材料はヤギやラクダの毛であったが、現在では木綿やポリエステル等も多く使われるようになっている。[2]

また、こうした土地では直径2㎜ほどの大型の砂粒を含む砂嵐が発生する。砂嵐の常襲地域では、頭や体を広く覆える形の衣装が一般化している。また、砂地では地面からの照り返しによる体への熱の流入を防ぐ必要もある。そのためにも、体を広く覆う衣装が適している。

いっぽうで、砂は貴重な資源でもある。砂の鋳型から鋳物をつくったり、[3]日干レンガの材料にしたり、[4]イネ科の農作物を乾燥させたりするのにも用いられる。[5]また、砂はガラスの主原料で、サウジアラビアには板ガラスやガラス容器の近代的な工場が複数ある。

坂田隆

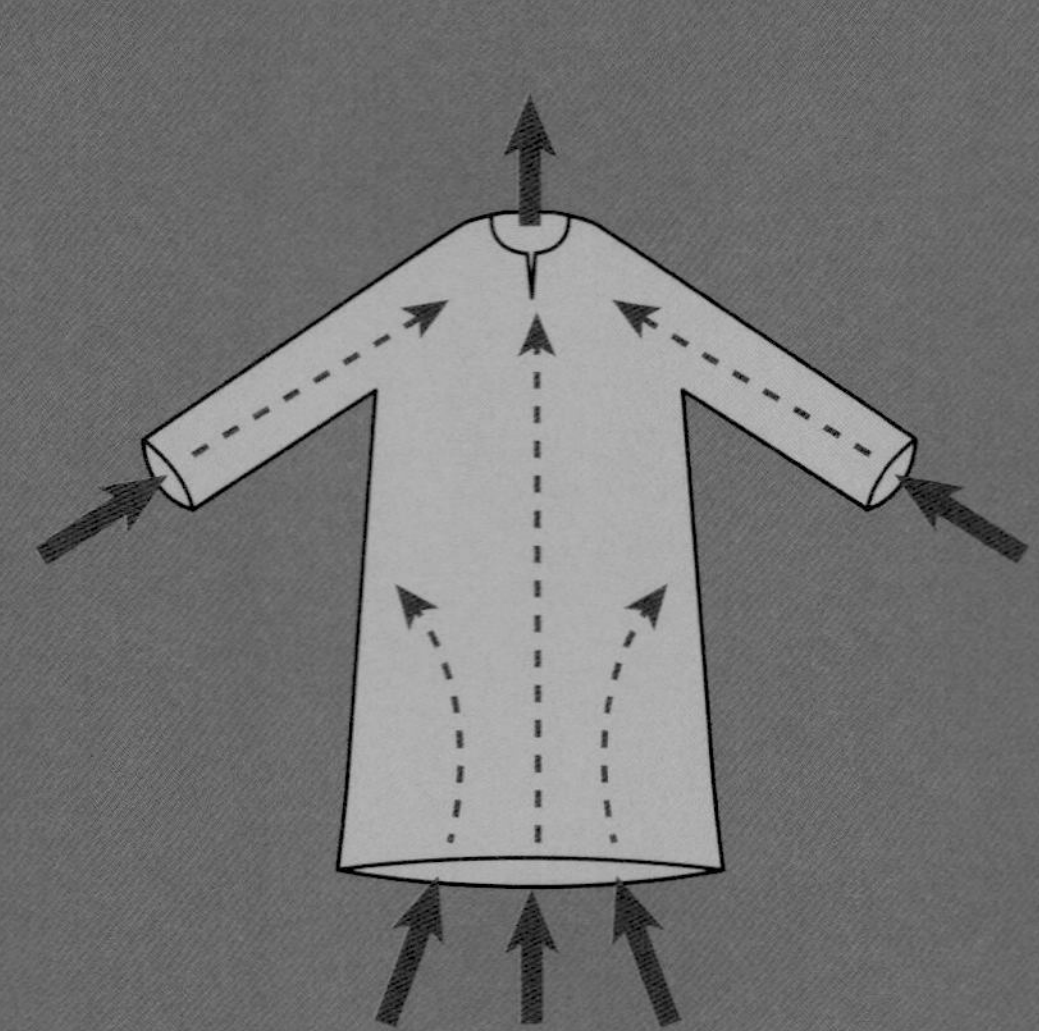

通気性がよく、熱を逃がしやすい、ゆったりとした衣服
引用：al-Lyaly 1990, Figure 4.3を改変

注　〈1〉Hasanean & Almazroui 2015　〈2〉Al-Ajmi *et al.* 2008　〈3〉Maslehuddin *et al.* 2003
〈4〉Amjad & Alsayed 1998　〈5〉Khan *et al.* 1991

上：乾燥地の気候に適した衣服　撮影：不明、1969-70年、ワーディ・ファーティマ、KM_0284
被写体の女性は片倉もとこ。男性も女性もゆったりとした衣服を着ている。
下：日干レンガの製作　撮影：片倉もとこ、1983年、ブシュール村のはずれ、KM_1630

女性と男性の体温調整

坂田隆

ヒトはほ乳動物のなかで汗をかく能力がいちばんすぐれていて、体温よりも高い気温でも生きられるが、たくさん水を飲まないと生きていけない。[1]

女性は男性よりも汗をかきにくく、[2]かいた汗がながれおちる割合が男性よりも少ない。[3]したがって、同じ量の汗をかいても女性は男性よりも気化熱によって熱をすてるのに使える汗の割合が多く、その結果、効率よく体温をさげることができる。

また、暑くなると女性は太ももの皮下の血流を増やして、汗をかかなくても、伝導や輻射で熱をすてることができる。[4]そうなると、女性にとっては太ももの部分の衣服がゆったりしていて、太ももから出てくる熱を逃がしやすいほうがつごうがよい。実際、サウジアラビア等の女性の肌着は太ももの部分がゆったりとしていて、この部分からの放熱をしやすくできている(80頁「肌着」参照)。

アラビア半島から湾岸にかけての女性たちは夏には木綿やポリエステルの上着を、冬にはウールの上着を着ることが多く、[5]これによって、寒暖に対処している。なお、伝統的な衣装は夏・冬ともに、男性の衣装よりも熱を通しにくい。[5]

男性の衣装　撮影:片倉もとこ、1970-71年、シャーミーヤ村、KM_0713

女性の衣装　撮影：片倉もとこ、970-71年、シャーミーヤ村、KM_5574

注　〈1〉坂田 2014, 2017　〈2〉Fox *et al*. 1969　〈3〉Kaciuba-Uscilko & Grucza 2001
〈4〉Inoue *et al*. 2005　〈5〉El-Ajimi *et al*. 2008

家屋のタイプ——移動と定住

渡邊三津子／遠藤仁

片倉もとこがワーディ・ファーティマで調査を実施した1960年代から1970年代にかけては、定着化政策もあいまって沙漠を移動しつつラクダの放牧を行っていたベドウィン（遊牧民）たちが、遊動生活をやめて定住生活を始める過渡期であった（30頁「片倉もとこが調べた人びと」参照）。遊動生活をするベドウィンたちは、羊毛を編んでつくったテントに居住していた。少し長く滞在する際には、テントの隣にナツメヤシ製の小屋を建てる。集落に居を構え、より定住志向が強くなるにつれて、テントやナツメヤシ製の小屋から日干レンガ製の四角い平屋の定着家屋へと住居の形が変わっていく。さらに、環境の変化等によりナツメヤシが少なくなってくると、一斗缶を用いたブリキ製の箱の家（66頁「ブリキ製の箱の家」参照）やトタン製の家が一時、使われるようになる。ブリキ製の箱の家には、主に外国人労働者たちが住んでいたという。

現在では、小さな集落においてもコンクリートや焼成レンガ製の複層階の建物が大勢を占める。羊毛テントは、レジャーに出かける町の人びとや、出稼ぎで家畜を飼育する人びとが利用している。

1968〜70年に撮影されたアイン・シャムス村の遠景写真をみると、ナツメヤシ製の小屋、日干レンガを積み上げてつくった四角い平屋、ブリキやトタン製の家等、いろいろなタイプの住居が混在していたことがわかる。

アイン・シャムス村遠景（3枚の写真を1枚に合成）
撮影：片倉もとこ、1968-70年、アイン・シャムス村、KM_3345、KM_3346、KM_3347
ブリキ製の箱の家、ナツメヤシ製や日干レンガ製の家屋が混在するアイン・シャムス村の風景
A：ナツメヤシ製の家　B：ブリキ製の家　C：トタン製の家　D：焼成レンガ製の家

上:羊毛を編んでつくったテント　出典:Katakura Motoko、『*Bedouin Village*』、74頁
右:ナツメヤシ製の小屋　出典:Katakura Motoko、『*Bedouin Village*』、74頁

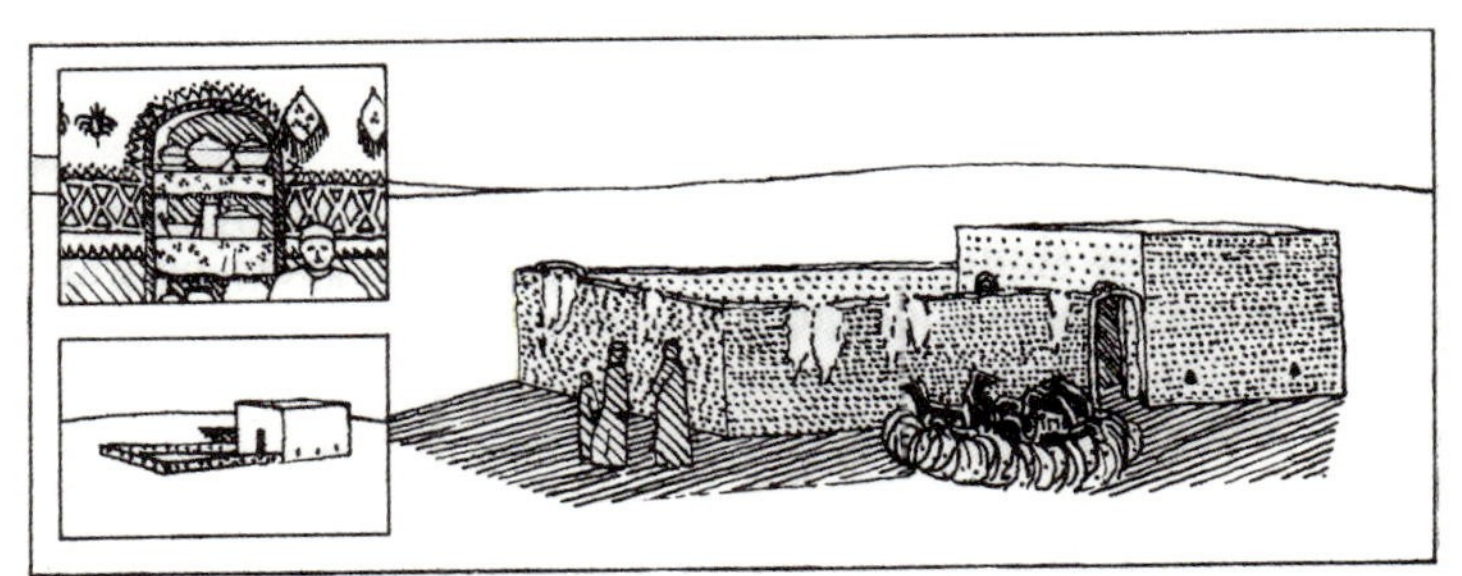

上:日干レンガ製の四角い平屋の家　出典:Katakura Motoko、『*Bedouin Village*』、74頁
右:ブリキ製の箱の家　出典:Katakura Motoko、『*Bedouin Village*』、74頁

家屋の空間——女性と男性、内と外

渡邊三津子／遠藤仁

片倉もとこの調査当時、羊毛織りのテントから日干レンガ等でつくられた四角い平屋の家まで、いろいろな形の住居がみられ、移動生活から定着生活への移り変わりをよくしめしている。後者のほうが定着性の強い住まいであるのは間違いないが、女性の空間と男性の空間が分けられる住まいの基本的な形は変わらない。とくに女性の空間は、聖なる場所を意味する「ムハッラム」と呼ばれ、そこにいる妻は大事に守られなくてはならない。したがって、ムハッラムで女性客がもてなされることがあっても家族以外の男性が通されることはない[1]。

男女の空間を分ける屋内の構造は、現在のワーディ・ファーティマの住まいにも共通している。たとえば、私たち男女混合の調査隊が訪れた際には、まず男性の居間に通される。ひとしきり歓談したのち、女性メンバーのみが女性の部屋に通されるのである。あるとき、歓迎のパーティに呼ばれた際には、親族や隣近所の大勢の女性たちがやってきてカーテンの儀式（144頁「結婚」参照）を再現してくれたのだが、男性陣は、パーティ会場やトイレ等の女性が出入りする空間からは締め出され、パーティが終わるまでの間、男性の部屋や塀の外で話をしながら待っていたのであった。

住まいの内と外を分けるという点では、一歩外にでると

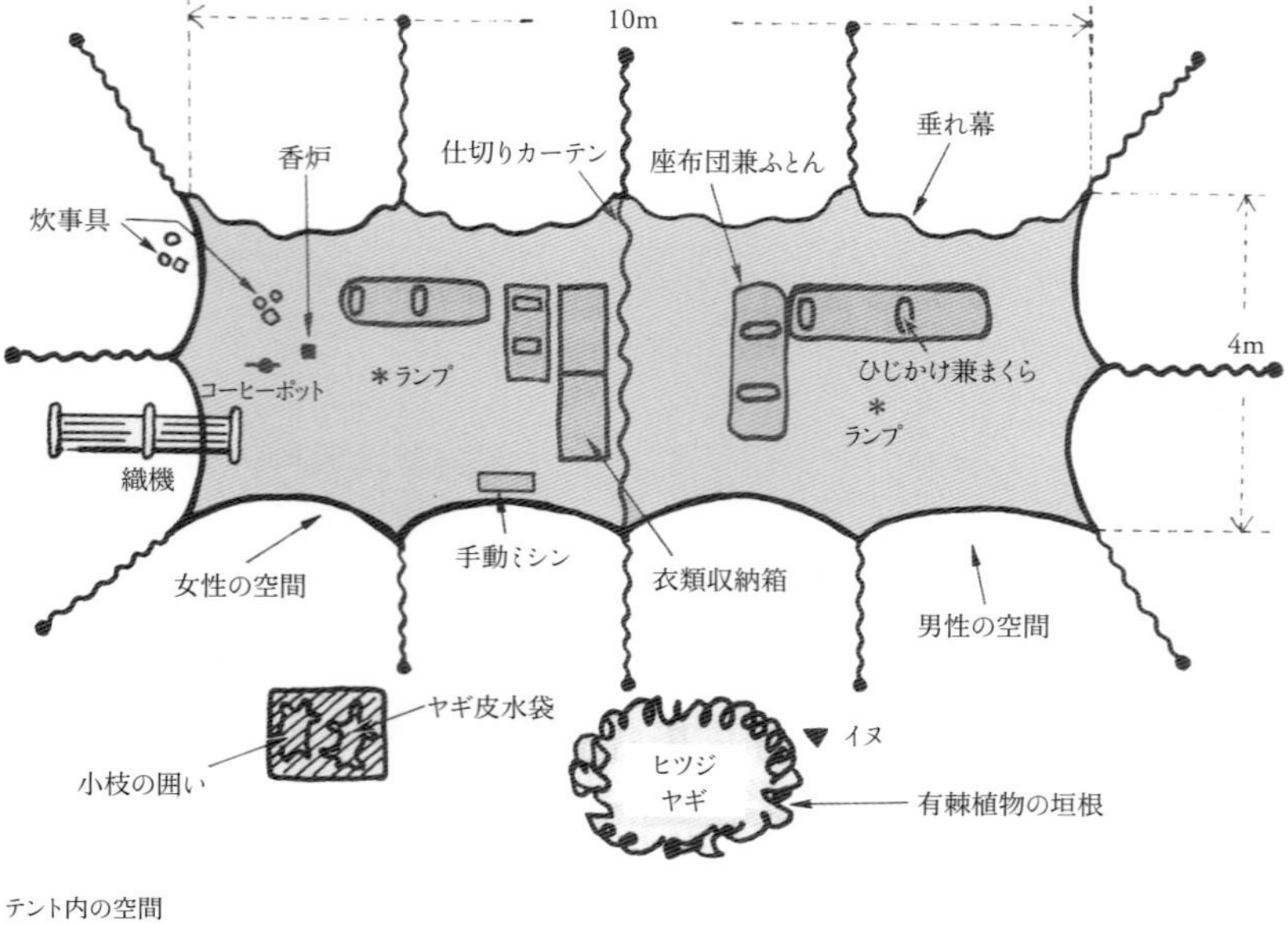

▨ テント内の空間

沙漠のベドウィンの住まい（羊毛織りのテント）　出典：Katakura 1977, Figure 11をもとに加筆修正

ひろびろとした沙漠が広がるテントに対して、日干レンガの四角い家の場合には、塀で囲まれた砂の庭(中庭)が設けられ沙漠の代わりになる。現在の住まいは、焼成レンガやコンクリート等をつかった複層階の大きな建物になっている。トイレやシャワー室等は屋内にしつらえられるようになっているが、塀に囲まれた中庭をもつ構造は現在でも多くみられる。砂の上でくつろぐ時間は、今でも大事にされており、前述の女性たちのパーティも、砂の庭に敷物を敷き、夜空の下でごちそうを食べ、アラビア・コーヒーを飲んだりしながら楽しい時間をすごしたのである。

住まいの形態が大幅にことなっても、ベドウィンの住まいの原形は、みなテントに戻っていくようである。人間の住居を考えるときに、ふつうは欠くべからざるものとみなされる便所といったものも、ベドウィンの場合には、住居のなかにふくまれない。ひろびろとした荒野が、洗面所でありトイレである。定着的住居をつくる場合にも、図でわかるようにいちばんあとでつけたしのようにつくるのがトイレの部分である。ひろびろとした自然のなかで人間の自然現象を処理することになれてしまうと、日本のせまいアパートの、そのなかでまたさらにせまいトイレを使うのは息がつまりそうに感じられる。(『世界旅行―民族の暮らし3住む・憩う―民家と家具、そして人の営み』119頁より)

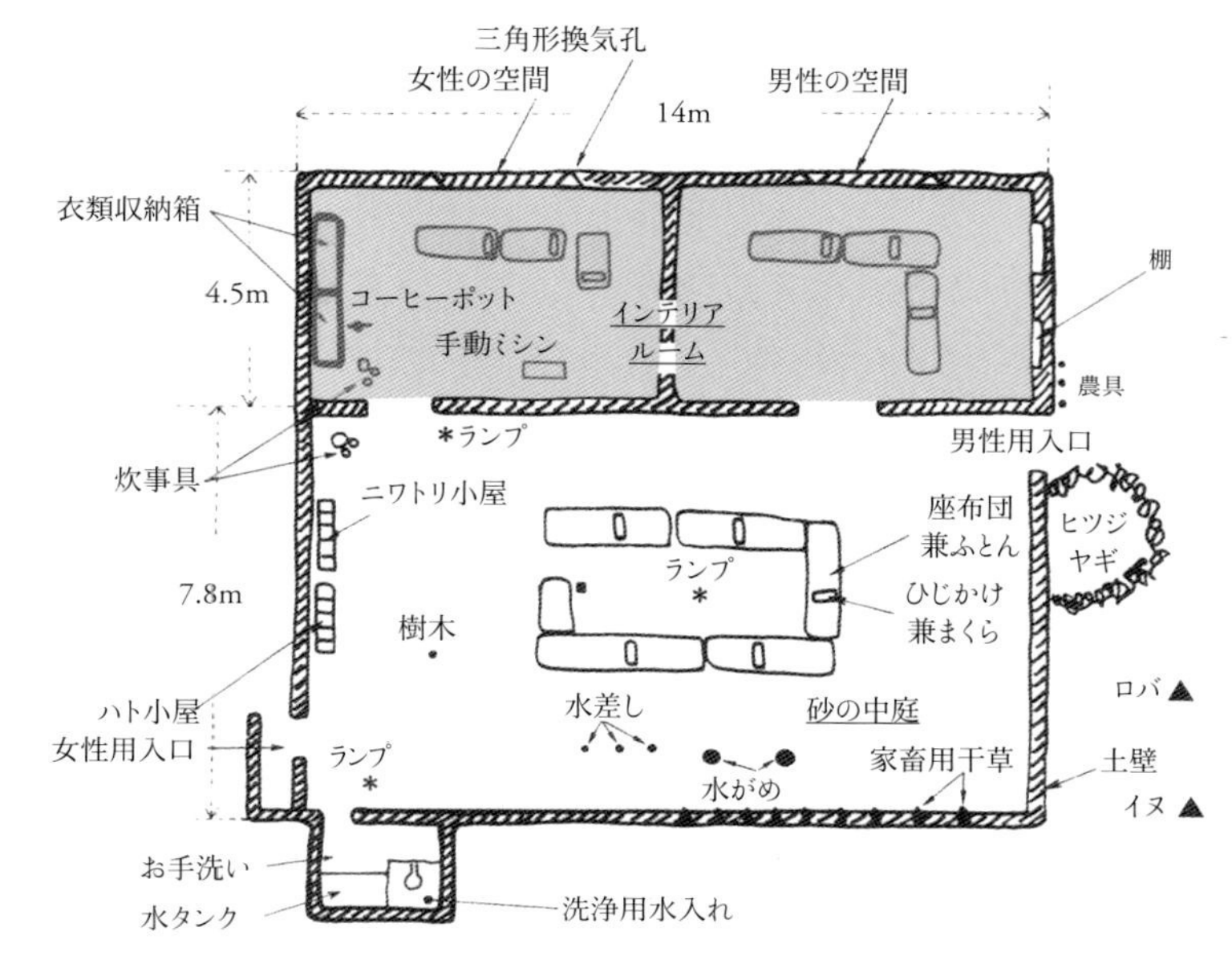

屋内の空間

定住化したベドウィンの住まい(日干レンガ製の四角い家、1970年代当時)　出典：Katakura 1977, Figure 12をもとに加筆修正

注　〈1〉片倉 1982

ラウシャンの機能——光と風を調整する

西本真一／縄田浩志

紅海沿岸の港町であるジッダ(ジェッダ)の伝統家屋は、サンゴのブロックを海から切り出して積み上げ、複層階の建物をつくり、木製の窓・ベランダの部分が突き出ているのが特徴である。サンゴを建材として用いた構法は、沿岸地域に共通する建築文化であるが、サンゴ材は重たいため、複数階を建造する際には、窓・ベランダには木材をあてて軽量化を図る。[1]

窓・ベランダ部分には、ロクロで加工した球状、円錐状、そして棒状といったさまざまな形状の木の小片を組み上げた格子細工がはめ込まれている。この木製の出窓の部分のことを、もしくは格子細工自体のことを、サウジアラビアの港町ジッダと対岸のスーダンの港町スワーキンでは「ラウシャン(光を与えるもの)[2]」、エジプトでは「マシュラビーヤ(水を飲む場所)[3]」と呼ぶ。

ラウシャン／マシュラビーヤは、光と風を通して、室内の温度や湿度を調整するはたらきをもっている。[4] ゆったりとさせることにより空気を通しやすくし熱を逃がしやすくする衣服と同様のしくみと考えられる[5](50頁「暑熱と寒暖差への対応」参照)。空調が一般的になる前の時代、とりわけ暑い乾燥地においては、ラウシャン／マシュラビーヤは快適な空間づくりに重要な役割を果たしていた。[6] ジッダ旧市街の伝統家屋は「ジェッダ歴史地区——メッカへの玄関」として、2014年ユネスコ世界遺産に登録された。

木片を加工し格子細工を組み立てる木工職人集団は、現在でもエジプト首都のカイロに存在しており、窓、ついたて、ランプ覆い、腰かけ、鏡台、机、いす等を注文生産している。

箱型の出窓部分(H0168795)
エジプト製で、もとは大きな出窓の一部
Aは窓を閉めた状態で、Bは窓を開けた状態

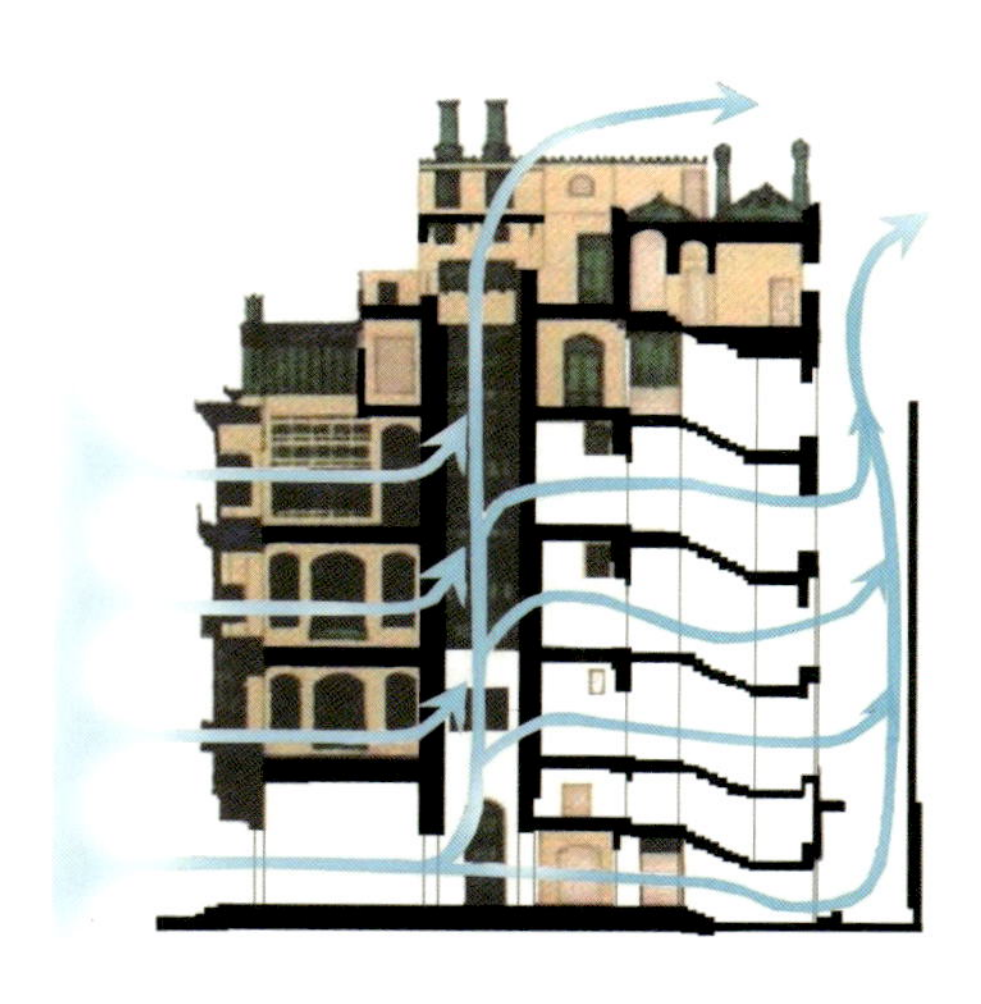

上:ラウシャンが取りつけられた建物の断面と空気の流れ
引用:Alitany 2014, Figure 2.17
左:1960年代末のジッダの伝統家屋
撮影:片倉もとこ、1968-70年、ジッダ、KM_2425

左:風を通し、光を散乱させて、暑さを和らげる　撮影:西本真一、2018年3月(H0109528)
右:国立民族学博物館特別展「アラビアンナイト大博覧会」(2004年)で展示されたベランダと出窓(H0168795)　AとBの場所から取りはずしたのが右頁のAとB

注　〈1〉西本ほか 2015、Alitany 2014　〈2〉Matthew & Marshall 1979、Greenlaw 1995　〈3〉Fathy 1986、川床 1992
〈4〉Fathy 1972、Alitany 2014　〈5〉Al-Lyaly 1990　〈6〉Matthew & Marshall 1979

ラウシャンの出窓——内から外を自由にみる女性

西本真一／縄田浩志／アナス・ムハンマド・メレー

ラウシャン／マシュラビーヤと呼ばれる出窓は同時に、内と外の空間を隔て、居住者のプライバシーを保つことにおいても、興味深い役割を果たしていた。[1] 上層階の出窓から、居住者は格子細工の隙間を通して、下の様子をよくみることができるが、街路を歩いている人は下から見上げてもなかをほとんどみることはできない。

ある意味、女性が顔を覆う布や飾面と似た役割をもち、[2] ラウシャン越しに外からなかはほとんどみえないが、内からは外を自由に見通すことができたのである。室内にいる女性は、姿をみられることなく、小さな隙間から街路とその情景を、そして男性の来客を十分に観察できたのである。[3]

1970年代ジッダ（ジェッダ）近郊で青年期を過ごした、あるサウジ男性によれば、隣の家の2階出窓のラウシャン越しに、ある女性から恋文を投げ落とされる経験をしたという。そのエピソードを父から聞いた息子も同じく、2000年代ジッダにて、近所の雑貨店に行った帰りの道すがら、向かいの家の前を通ったとき2階から紙が落ちてきて頭に当たった。衣服についている値札と思わしき堅めの紙を再利用したその裏面には、電話番号が書いてあったという。その家の窓はすでにラウシャンではなかったが、窓の隙間からタイミングを見計らって恋文をわたす慣習は生き続けていたのである。

2000年代初めジッダ旧市街にて、
ラウシャンの出窓とその下で遊ぶ子どもたち
撮影：縄田浩志、2004年1月、ジッダ

左:格子細工の腰かけ(H0168798)　右:格子細工のランプ覆い(H0109527)

沙漠と都市——女性の活動域

結婚したばかりのうら若い女性が、親きょうだいが住んでいるむらから三十キロほどはなれた荒野のなかに、ぽつんとテントをはる。夫が放牧に出かけたり、出かせぎに行ったりしているときには、ピストルや鉄砲が、かならず置いてある。ヒツジの乳をしぼり、チーズやヨーグルトをつくり、奔放な荒野の愛の詩を口ずさんだりしながら、楽しげに働く。ときには百キロ以上もはなれた都市に出かけ、市場で、買いものをしたり、あるいは、ナツメヤシの葉でつくった敷物や、ヒツジの毛で織った敷物を売りに行ったりもする。(『沙漠へ、のびやかに』、15頁より)

ラウシャンの構造
ラウシャンの窓からは上から下の様子がよくわかるが、下からなかはみえない
引用:Alitany 2014, Figure 3.7より

注　〈1〉Fathy 1972　〈2〉Fadwa 1999　〈3〉川床 1992、Alitany 2014

4

内でくつろぐ

現地画家が描いた慣習と内なる空間

ジッダ(ジェッダ)近郊に本拠地をおく現地画家サフィーヤ・ビンザグル(156頁「伝統文化を後世につなぐ芸術家」参照)が描いた絵には、ラウシャンの出窓やくつろぎの空間が描かれている。

A:出窓
B:水タバコ
C:コーヒーポット
D:コーヒーカップ
E:うちわ

Moment of harmony
画:サフィーヤ・ビンザグル、1968年、©Safeya Binzagr
夕方の静かな時間に水タバコとコーヒーでくつろぐ男性。
ラウシャンの出窓の下に、ソファが置かれ、青いクッションにもたれた男性が、コーヒーを飲みながら水タバコをくゆらせている。男性の足元にある小さな茶たくには、コーヒーポットとコーヒーカップ(120頁「アラビア・コーヒーを淹れる」参照)が置かれている。また、ソファの上には手旗のような形のうちわ(126頁「ナツメヤシからつくる:多様な利用法」参照)も置かれている。

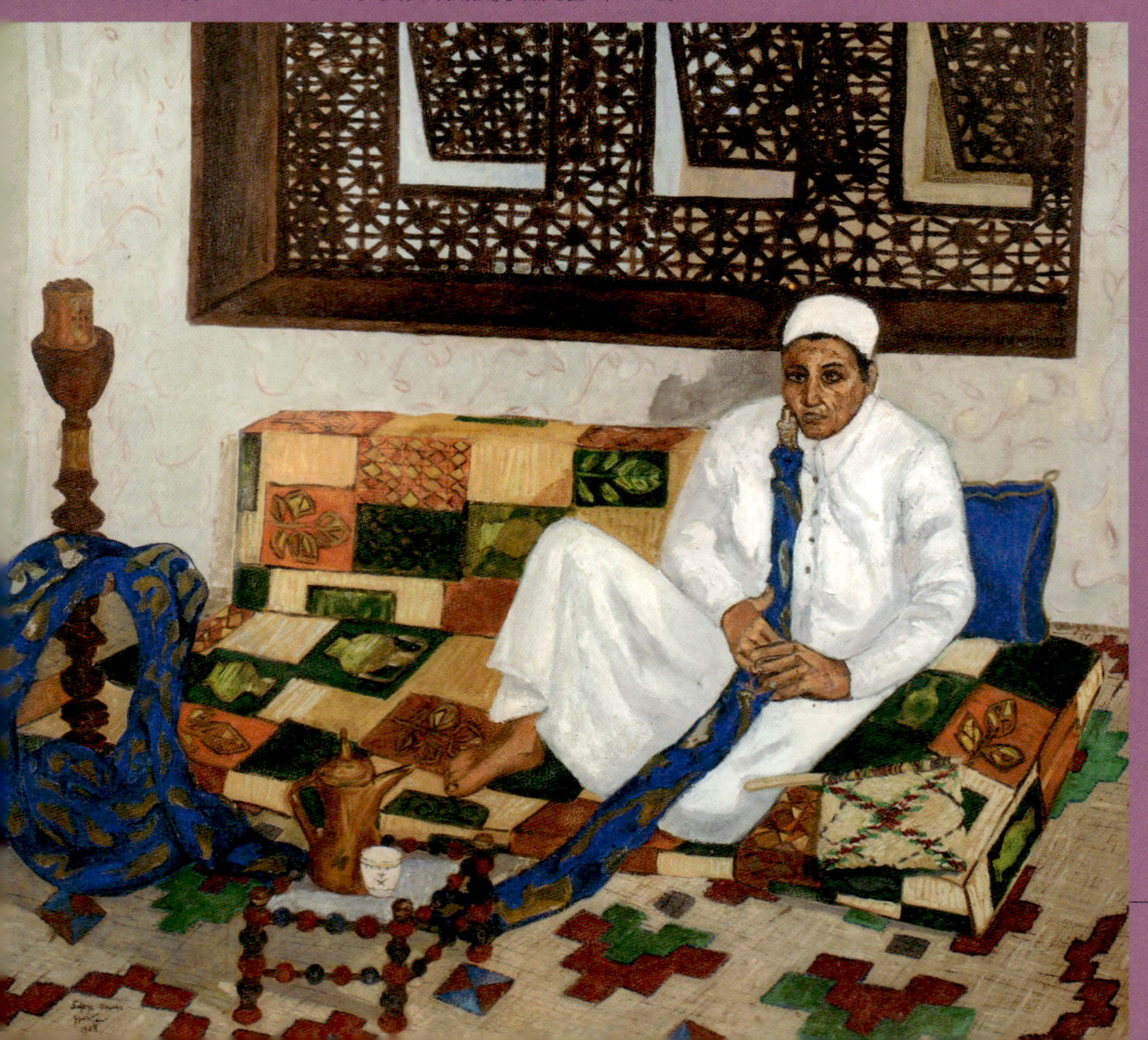

郡司みさお/遠藤仁

Al-Rahmani
画：サフィーヤ・ビンザグル、1973-75年、©Safeya Binzagr
解説：ジッダ（ジェッダ）で行われた子どもの生後7日目のお祝いで、水タバコとコーヒーで談笑する女性たち。
サウジアラビア西部の町ジッダでは、子どもが生まれると7日目のお祝いを行っていた。まずはじめに男性の居間で、父親と親戚が赤ちゃんの耳に祈りの言葉をささやき、名前が与えられた。その後、赤ちゃんは女性の居間に連れていかれ、キャンドルを飾った室内の中、歌で歓迎される。式の前日、男性たちは昼食会、女性たちは夕食会を開く。このように、男女は別々の部屋に集い、祝い事も別々に行う。

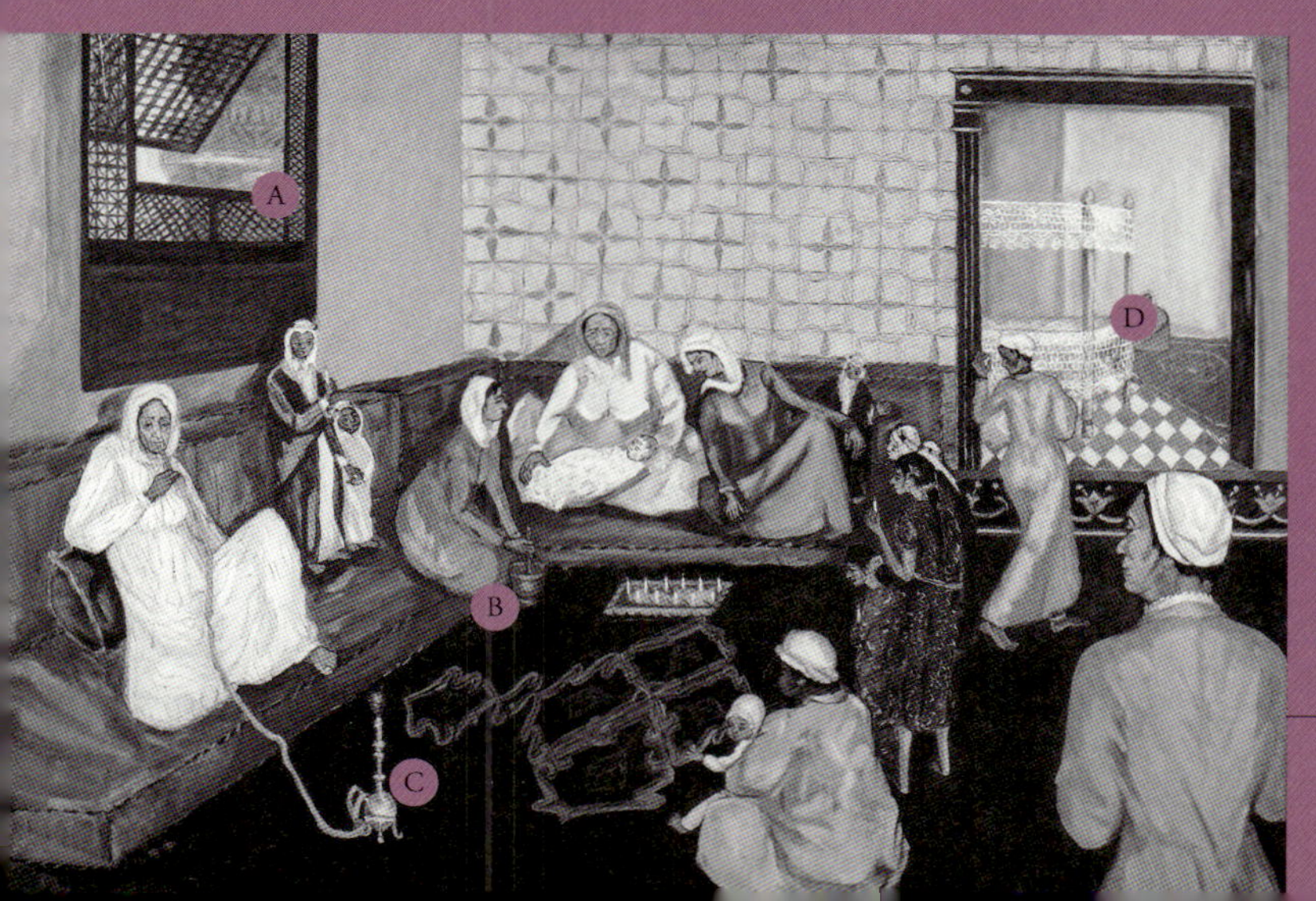

A：出窓
B：コーヒー豆をくだくための鉢と棒
C：水タバコ
D：ベッド

くつろぎ空間の道具

縄田浩志／郡司みさお／藤本悠子

ひじかけは、くつろぎの時間を大切にする空間には必ずといってよいほど置かれている。絨毯やござ等が敷かれた床に座り、ひじかけにもたれたり、枕にして横になりながら、語らい、コーヒーや水タバコをのみ、ゆったりとしたひとときをすごす。

半世紀前のワーディ・ファーティマにおいて、ベドウィンの住まいであるテントでは、砂の上に絨毯を敷いて、男女の空間それぞれに、幅60cm、長さ160cmほどの座ぶとん兼ふとんや、クッション(ひじかけ兼まくら)が置かれていた(36頁「写し撮られた生活世界」参照)。また、もっとも伝統的で簡易なひじかけとは、ラクダの背から降ろした乗用の鞍であった。移動を中心とする生活様式において、荷物を極力減らしながらも快適にくつろぐために、生活の道具も複数の用途で利用されてきたことが特徴である。

定住化が進んで日干レンガの四角い家に住むようになっても、訪問客をもてなす際には、壁に囲まれた砂庭の中央に絨毯を敷いて、やはり座ぶとんやひじかけを置いてくつろいでいた。ジッダ(ジェッダ)といった都市空間においても、そして現代サウジアラビア全域においても、素材は堅いウレタン製のものが一般的にはなったが、ひじかけや背もたれはくつろぎ空間に欠かせない道具であり続けている。

現代サウジ女性のくつろぎの空間（郡司 2006に加筆修正）　※ミソハギ科の植物の茎や葉を干して粉状にしてつくった染料
画：郡司みさお、『恋するサウジ』、見返し、©Misao Gunji

ゆったりとした時をすごす

西アジアでは都市生活といっても、われわれ日本のそれにくらべれば、はるかにゆったりとしたものである。近代的ビルにあるりっぱなオフィスに勤める人でも、昼食時になれば家にもどって食事をし、それから中庭や居間でゆったりとした時をすごす。マスナド（ひじかけ兼まくら）にもたれてコーヒーを飲むもよし。砂糖をくわえて煮だしたハッカの葉をいれた紅茶も好まれる。たいていの人びとは、日ざしのするどい白昼を、昼寝ですごす。マグレブ（日没）の祈りをすませすこし涼しくなったら、近所の友人を訪ねてみようか……。家にお客があれば、客のからだじゅうにバラ水をふりかけたり、お香をたきこめたりする。それからコーヒー、紅茶、水タバコの順でもてなすのがふつうだ。（「西アジアの都市生活」12―13頁より）

上：ひじかけ兼まくら（H0100386）
左下：コーヒーカップを入れて持ち運ぶ容器（H0279002）
右下：コーヒーポット（H0279572）

ひじかけにもたれてくつろぐ男性　撮影：片倉もとこ、1968-70年、不明、KM_3174

ブリキ製の箱の家——1960年代のニューモード

渡邊三津子

ワーディ・ファーティマに暮らす人びとの住まいは、ナツメヤシの幹や葉、日干レンガを用いてつくられていた。が、片倉もとこが最初に調査を行った1960年代後半から70年代にかけては、主にイエメン等からの外国人労働者たちが建てたブリキ製の箱の家が「ニューモード」であった。しかし、屋内が暑くなりやすいこの住居が現役で使われていたのはほんの一時で、現在、ワーディ・ファーティマ地域では、アイン・シャムス村に一軒残るのみとなっている。

アイン・シャムス村に残されているものは、木材で家の枠組みをつくり、外に一斗缶を開いてのばした板を何枚も貼り付けてつくられている。現在は、錆びて赤茶色になっているが、同じデザインの一斗缶を連ねてつくられているため、建てられた当初は、ぱっと目を引く外観をしていたであろう。内装には、赤い花柄の壁紙が用いられており、なかなかに華やかである。

ナツメヤシ製からブリキ製へ

近年、地下水位が低下しているため、なつめやしが枯れ、したがってウッシャの材料が不足してきているので、あまり作られなくなってきている。そのかわりにサンディガ(箱の家)とよばれる住居がふえてきた。これは石油缶、またはサムナ(食用油脂)のブリキ缶を平たくうちのめして木の板にはりつけ、一辺の長さが三メートルほどの真四角な小屋にしたものである。色とりどりの石油やサムナの商標などが缶についたままなので、まるでみのむしが千代紙でふくろを作ったように、ちょっとユーモラスで楽しい。新しく作られたばかりのものは、アラビア文字や商標などがあざやかで、えらく華やかである。しかし、ブリキ缶だから、中は釜の中のように熱くなる。たまに降る雨の時には、この中で寝るが、ふつう物置きになっている。(『アラビア・ノート』、88頁より)

ブリキ製の箱の家
撮影:片倉もとこ、1969-70年、
ワーディ・ファーティマ、KM_0359

現在使われていないブリキ製の箱の家
撮影:遠藤仁、2019年1月、
アイン・シャムス村

華やかな内装
撮影:遠藤仁、2019年1月、
アイン・シャムス村

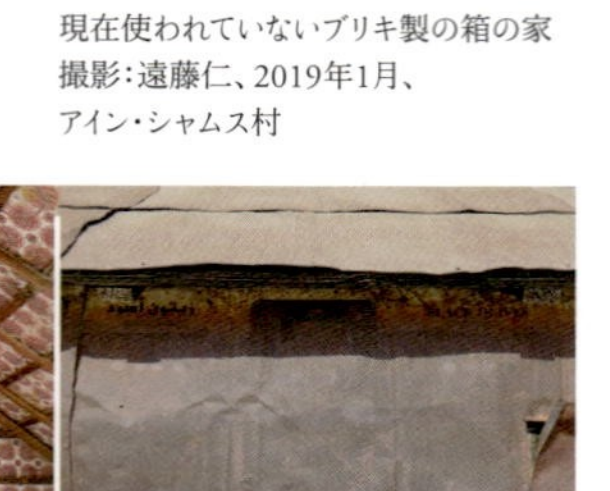

一斗缶をたたいて伸ばしてつくった外壁
撮影:遠藤仁、2019年1月、
アイン・シャムス村

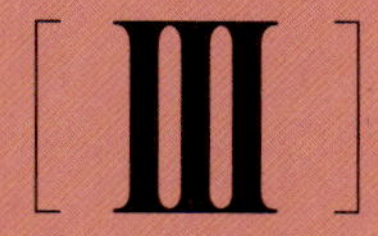

装う

カラフル、リサイクル、リバイバル

女性の衣服・装身具は、カラフルで個性的である。
外着の裾には美しい刺繍やアップリケ、裏打ちされたキルトが施され、
それは同時に灌木のトゲからも女性の足を守る役割を果たす。
装飾部分はリサイクルされ、縫製では、むだなく一枚布を使い切る。
装身具にもさまざまなモチーフがある。
性別、場所、時期に応じて着わける多様な衣服と装身具、その魅力を紹介する。

祭りの日に着飾った女性
撮影：片倉もとこ、１９７０～71年、シャーミーヤ村、KM_0586

男性の衣服

縄田浩志／アナス・ムハンマド・メレー

乾燥熱帯域を中心とした沙漠環境への適応という観点から、服装における男女差を色合いに注目して説明するとすれば、概して男性は可視光線を反射する白を基調とした衣服であるのに対し、女性は可視光線を吸収する黒や色柄の衣服といえる。放牧や農作業を中心として炎天下における作業に長時間従事する男性にとって、白地で頭部や頸部を覆うことは必須である。〈1〉

ワーディ・ファーティマ地域における衣服についても、半世紀前から現在に至る様態を追っていくと、白を基調とした衣服は男性、黒や色柄を基調とした衣服は女性(52—53頁「女性と男性の体温調整」写真参照)という点での男女の差は明確である。ただし色合い以外の点では、男性用の衣服の形態や種類のほうは同じく概して変わっていないのに対して、女性用の衣服は外着・内着・肌着、頭・髪覆い、飾面ともに変化した点が多い(70頁「女性の衣服」参照)。

男性は、体に合うようにあつらえた袖の長いゆったりとしたひとつなぎの貫頭型長衣タウブ(トーブ)／サウブを着る。白地がほとんどであるが、青や灰色のものもある。丸首ではなくスタンドカラー(もしくはワイシャツカラー)で襟止めもあり頸部まで覆えることが特徴である。タウブは内着と外着の兼用である。タウブの下に着用する肌着は、上シャツのファーニーラ(ファニーラ)と下ズボンのスルワールがあり、腰周りはダッカというひもを巻いた。室内では、下ズボンとして巻スカート状のフータで過ごす人もいる。

山岳部ではなく平野部が多いため、それほど夜や冬季も冷え込まないワーディ・ファーティマ地域では、タウブの上に羽織る外衣ミシュラフもしくはビシュットゥをもっていない人が多かったが、ウドゥニーヤという外着を農作業用に着る人もいた。ただしハルブ族の人びとには、長く垂れさがる袖が特徴的なマハーリードという衣服があり、女性にも同様の袖部分がある同じくマハーリードと呼ばれる外着・晴れ着がある(74頁「女性の晴れ着と日常着」参照)。

頭部から頸部にかけては、クーフィーヤもしくはターギーヤと呼ばれる帽子をかぶり、正方形の布を対角線で折り込み三角形にしたもので覆う。どちらも色合いは白が基調である。布のうち、赤のチェック柄が入ったものはシマーグ、模様がなく白地だけ(縁に刺繍・模様がつく場合はある)のものはアフラームもしくはグトゥラと呼ばれる。シマーグやグトゥラをしっかりと留めるために、当時はシャッターファ、現在ではイガール／イカールと呼ばれる輪状のヘアバンドをあてることが多い。外出時には、子どもは帽子だけの場合も多くみられるが、成人男性はシマーグかグトゥラを着けることが普通である。

履物は、シブシブと総称されるかかとの部分がみえてい

注 〈1〉縄田ほか 2014a

るサンダルを履く。そのうち、シブシブ・シャルギーと呼ばれる皮革製で足の甲の一部が覆われているタイプがある。

1 男性用頭覆いシマーグ(H0100470)
2 男性用長衣タウブ(MOKO財団蔵)
3 男性用帽子クーフィーヤ(H0100478)
4 男性用ズボンのスルワール(MOKO財団蔵)
5 男性用サンダルのシブシブ・シャルギー(H0100491)
6 ハルブ族の男性用のマハーリード(ワーディ・ファーティマ社会開発センター蔵)

ハルブ族の男性用のマハーリード(ワーディ・ファーティマ社会開発センター蔵)
頭に巻いているのはマッカでよくみられるアンマと呼ばれる布

女性の衣服——半世紀前と現在

郡司みさお／藤本悠子／アナス・ムハンマド・メレー／縄田浩志

ワーディ・ファーティマ地域において、女性の衣服は内と外、日常と非日常とで異なっていた。自宅内で常時着用する日常着としての「内着」、外出時にその上にはおるよそゆきとしての「外着」、さらに年に数回の祭事や結婚披露宴に出向くときに着用する「晴れ着」があった。

しかし、多様で色彩にあふれた伝統的な晴れ着や外着は、半世紀の間に衰退し、黒いアバーヤ／アバーアに一元化していった。頭や髪を覆う布も、ムスワン等は姿を消し、黒無地、長方形の一枚布タラハ（タルハ）／タルハが用いられるようになった。顔の部分を隠す飾面ブルグア／ブルクアは、色とりどりで装飾が豊かであったものから、シンプルな黒い布製で目の穴が2箇所開いているブルグアや、両目部分が細長くひとつの穴になっただけのニカーブが使われるようになった。

外観からみた色合いはカラフルなものから黒単色になったといえる。しかし、アバーヤの下にはジーンズやワンピース等のカラフルな洋服を着ている人も多い。また、晴れ着としての外着は衰退し、晴れ着はもっぱら内着となり、アバーヤの下に華やかな西洋風ドレスが着られるようになっている。履物としては、半世紀前から使われていたサンダルに加え、ハイヒール、スニーカー等多様な履物が履かれるようになった。

片倉もとこの著作や写真を参考に、2018年から2019年にかけてブシュール村、ダフ・ザイニー村、シャーミーヤ村、サムドゥ村、アルジュムーム市等で改めて聞き取り調査を行ったところ、およそ半世紀前のワーディ・ファーティマ地域では、女性の衣服としては、次のような種類と名称がみられた。

スマーダ

およそ半世紀前、ダフ・ザイニー村等一部地域の未婚女性が水くみ等の外出時に頭からかぶったもので、厚い生地でつくられ、あごの下で縫い合わされているものもあった。また、ときには裏地を付けて分厚くして着用されていた。腰あたりまでのタイプからひきずるタイプもあり、中には背丈の三倍ほどの長さのものもあった。真赤な花模様等華やかな柄が好まれた。歩いたり働いたりするときには、頭の上に折りあげる等する（4—5頁「口絵」参照）。シャーミーヤ村では、同様のデザインで既婚女性用の頭・髪覆いムスルがあるが、顎下の縫い目はとても短くなり、首飾りをあえて見せるつくりになっていた。

マハーリード（もしくはムドゥハー、タウブ・ハルビー）

すべてが手縫いで手刺繍の黒い貫頭型長衣で、晴れ着・外着である。刺繍やアップリケがたっぷりと施されていることが特徴的で、細長い振袖状の布が付いている。女性が結婚するときに実家から持参するもので、祭事のときにのみ晴れ着として着用した。シャーミーヤ村での聞き取りによれば、結婚後は、毎年1着、自ら縫って新調することが多かったという（74頁「女性の晴れ着と日常着」参照）。

ムサッダフ

内着の上にもう一枚はおる、透ける生地でつくられた四角い形の前開きの重ね着・外着（貫頭型長衣）で、外出時や結婚式等で着用された。夜会のときにあぐらをかいて座り、ひざの上に赤ん坊を載せ、ムサッダフの下にいれて砂や風、虫から守ったり授乳させたりしていた。女児が赤や緑の明るい色でつくったものを着る村もあった（76頁「未婚女性と既婚女性の衣服」参照）。

フスターン

主に未婚女性用の裾に向かって広がる形をしている貫頭型長衣の内着（外着として着る場合もあった）である。生地はプリントやジャガード織りなどさまざまなタイプがあり、柄は花柄が人気があった（76頁「未婚女性と既婚女性の衣服」、92頁「現代によみがえる内着フスターン」参照）。

タウブ（トーブ）／サウブ

直線的な貫頭型長衣で、半世紀前は男性、女性（既婚）それぞれが着用する内着（外着として着る場合もあった）のことを示した。現在では、男性が着る白い長衣のみを意味し、トーブと発音されることが多い（68頁「男性の衣服」参照）。

シャルシャフ

薄い生地の大きな一枚布の正方形ショールである。頭・髪覆いの上にさらに被る場合もあり、眼以外を覆う。ダフ・ザイニー村等の一部地域の女性が主に着るもので、カラフルなものや花柄が好まれた。礼拝の際にも使われる（76頁「未婚女性と既婚女性の衣服」参照）。

ムスワン

晴れ着の頭・髪覆いで、シャーミーヤ村での呼称である。綾織り等の厚くて黒い生地が使用された。平銀糸入り組ひもティッル／トゥッルや貝ボタンが用いられる等装飾が施されたものもあった（74頁「女性の晴れ着と日常着」参照）。

タラハ（タルハ）／タルハ

薄地で長方形の一枚布の頭・髪覆いで、サウジアラビアにおいて現在まで一般に使われる。砂や風が鼻や口に入るのを防ぐほか、性的誘惑からお互いを守り、髪の毛を隠すためのものでもある。かつては、カラフルな柄物等多様であったが、現在では真黒なものが多い（90頁「外着アバーヤの変遷」参照）。

ブルグア／ブルクア

顔を覆う飾面で、この地域では主にブシュール村、シャーミーヤ村、サムドゥ村の女性たちが使用していた。一枚の布で目の部分だけ2箇所に長方形の穴をあけ、頭の後ろで紐をしばり固定する。穴は細目であるが中から十分に外がみえる。母親がつくってくれたものに加えて、自分でつくったり、新たに購入したりして複数を所有することが多かった。また、日常生活用、結婚式用と用途に応じて使い分けていた（96頁「飾面のデザインと飾り」、98頁「飾面の材料とつくり方」参照）。

ニカーブ

国や地域によって様々な色・形がある顔覆いのことで、現代のサウジアラビアでは、ほとんど外から目が見えないように目を覆う別布のついたタイプや、または細長いひとつの穴が目の部分に開いたものを指すことが多い（90頁「外着アバーヤの変遷」参照）。

アバーヤ／アバーア

外出する場合に着る黒いガウン。半世紀前のワーディ・ファーティマの女性たちが、ジッダ（ジェッダ）等の町に行くときに着ていたのは、一枚布で頭から足首まで覆い隠すタイプである。その形状は、次第に袖が付き、首から下を覆うタイプが多くなってきた。現在は、頭から足首までを覆うタイプと、首から足首を覆うタイプの主に2種類がある（90頁「外着アバーヤの変遷」参照）。

衣服・装身具関連の名称の表記法について

衣服・装身具関連の名称において、ワーディ・ファーティマ地域で過去に使われていた名称、ワーディ・ファーティマ地域周辺地域で現在一般的使われている名称、古典アラビア語（正則アラビア語）、と3つの名称を併記する必要がある場合には、ワーディ・ファーティマ地域で過去に使われていた名称（ワーディ・ファーティマ地域周辺地域で現在一般的使われている名称）／古典アラビア語（正則アラビア語）の順に示した（例：タウブ（トーブ）／サウブ、タラハ（タルハ）／タルハ、スダイリーヤ（シディリーヤ）／スダイリーヤ）。ただしワーディ・ファーティマ地域もしくはその周辺地域で過去と現在とで使われていた名称がとくに差がない場合は、ワーディ・ファーティマ地域もしくはその周辺地域で過去と現在とで使われていた名称／古典アラビア語（正則アラビア語）の順に示した（例：ブルグア／ブルクア、アバーヤ／アバーア）。

過去と現在の衣服の種類の変化　作成：郡司みさお、遠藤仁

【半世紀前】

【現在】

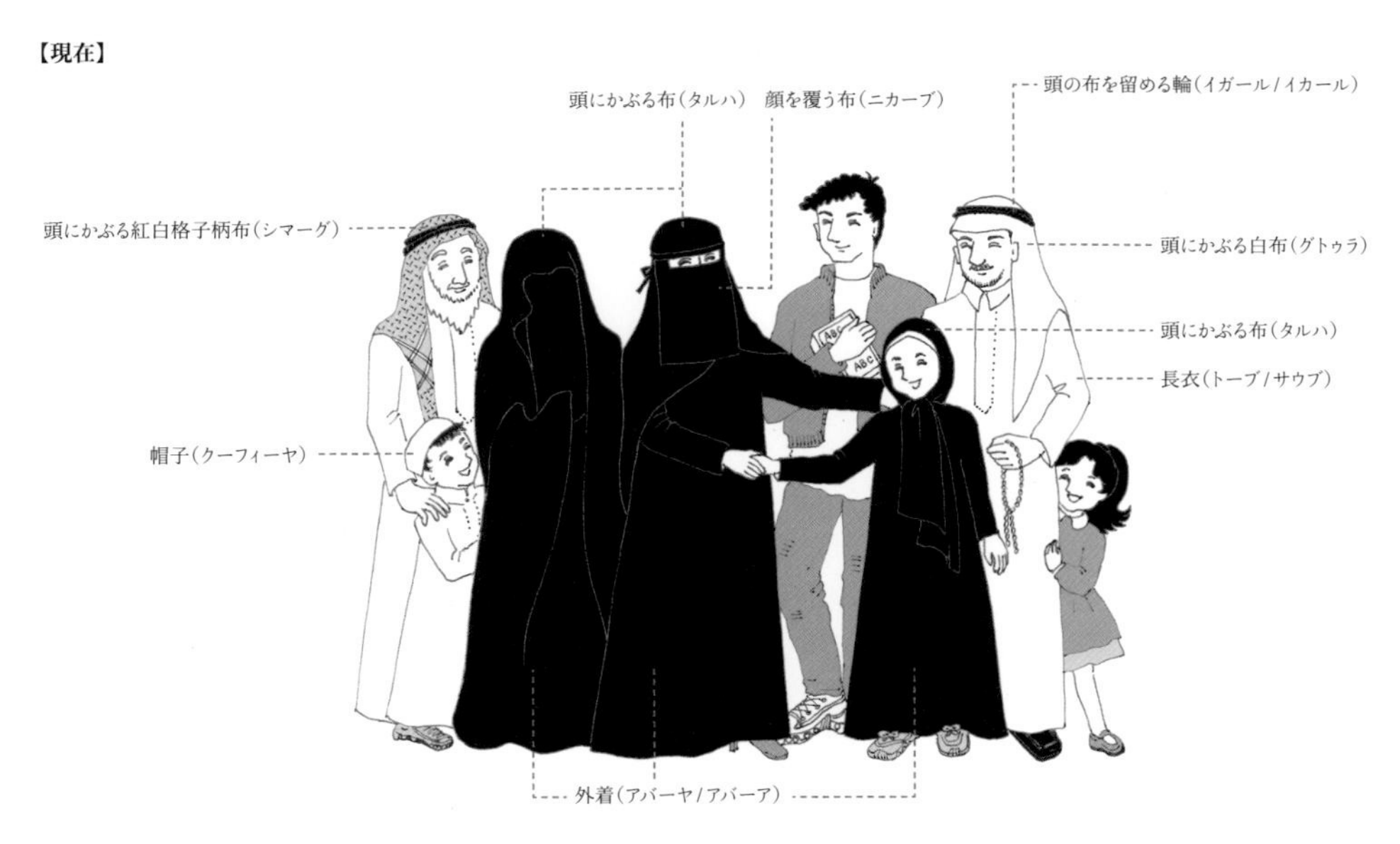

女性の晴れ着と日常着

郡司みさお／藤本悠子／アナス・ムハンマド・メレー

日常着としては、色鮮やかな貫頭型長衣のフスターンや、タウブ（トーブ）／サウブ等の上に、頭や髪を覆う布シャルシャフ、もしくはムスワンやスマーダを被ることが一般的であった（70頁「女性の衣服」参照）。

長い袖を広げている女性の写真（本頁下）が撮影されたのは、1970〜71年頃のシャーミーヤ村での結婚式の日であり、彼女は当時70〜80歳であった。彼女の娘のひとりは、今から10年程前に亡くなるまで、母の晴れ着を着続けたそうである。この振袖型晴れ着は、女性が結婚するとき（当時は、14〜18歳で結婚するのが平均的）に実家から持参するもので、祭りのとき等の晴れ着として着用した。シャーミーヤ村での聞き取り（2019年1月）によると、毎年のようにヒジュラ暦（イスラーム暦）7月頃から家族全員のための衣服をつくり始め、10月のラマダーン（断食月）明けの祭りであるイード・アルフィトルには新品を着用していたというが、およそ40年前までにはこのような伝統的な振袖型晴れ着を着る女性はほとんど姿を消してしまったようである。

75頁写真1〜3は、ワーディ・ファーティマ地域の振袖型晴れ着のバリエーションである。黒い生地に、振袖のような長い袖が付いたゆったりとした形状と、首から肩周り、胸の部分、裾の部分に施されたアップリケや刺し縫いの刺

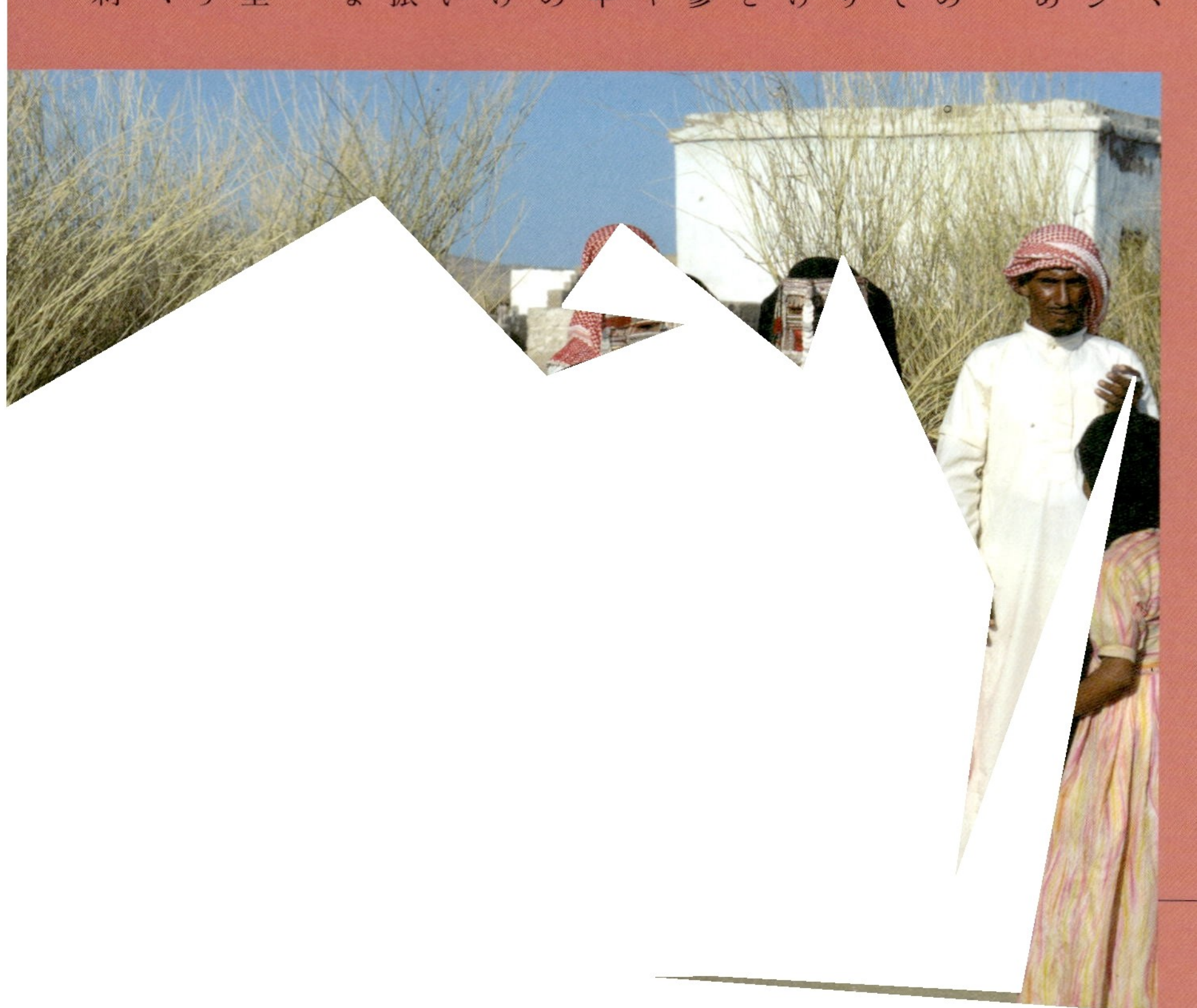

繡が、共通してみられる特徴である。

袖は一般的にクムと呼ばれるが、この振袖のような長い袖はムドゥハーと呼ばれる。転じて、長い振袖状の袖をもつ衣服自体がムドゥハーと一部の地域で呼ばれるようになったようである。

この振袖型晴れ着は、すべて、手縫いでつくられている（詳しくは、82頁「裁断」、84頁「縫製」、86頁「刺繡とアップリケ」参照）。その呼称は村によってさまざまであり、シャーミーヤ村ではマハーリード、サムドゥ村ではタウブ・ハルビー（ハルブ族の衣服という意味）、ブシュール村ではムドゥハーと呼ばれていた。

上：特徴的な裾の刺繡：刺し縫いの刺繡が施された裾部分
（ワーディ・ファーティマ社会開発センター蔵）

右：結婚式の日に晴れ着（マハーリード）を着た女性
撮影：片倉もとこ、1970-71年、シャーミーヤ村、KM_0592

1, 2　ワーディ・ファーティマ地域の振袖型晴れ着
（ワーディ・ファーティマ社会開発センター蔵）

3　サムドゥ村のある高齢女性所有の振袖型晴れ着と頭・髪覆いのムスワン
（日本人による再現）（個人蔵）

2

1

3

未婚女性と既婚女性の衣服

郡司みさお／藤本悠子／アナス・ムハンマド・メレー

ワーディ・ファーティマの女性の伝統衣服は、結婚しているか否かで、はっきりと分けられていた。未婚女性は、長衣のフスターンを着る。成長するにしたがって衣服の袖が長くなり、肌を隠す部分が多くなる。少女の頃から日よけのために頭を覆うが、12～13歳頃になると日常的に柔らかい布でできた長方形の頭・髪覆いタラハ(タルハ)／タルハを着け始める。未婚の時期のほうが、衣服に対して気をつける。髪の毛はかたく三つ編みにし、頭の上に巻きあげてとめ、その上にタラハをかぶる。一部地域では色鮮やかな厚手のスマーダ(4—5頁「口絵」参照)等で、身体を覆うこと等もされた。

既婚女性は、タウブ(トーブ)／サウブの上に透ける生地のムサッダフを着た。「紗合わせ」の着物のように、タウブの上に、違う色の透ける生地のムサッダフを組みわせることで、ファッションを楽しんでいたという。夜会のときには母親が赤ん坊をあぐらをかいたひざの上にのせてあやす光景がよくみられ、ムサッダフを赤ん坊の上からふわっとかぶせて砂や風、虫等から守ったり、その中で授乳したりするのにも役立てていた。

頭・髪を覆って顔を隠す衣服にもバリエーションがあった。日常生活でハルブ族やアタイバ族の女性たちは、飾面ブルグア／ブルクアをかぶっていた。またヒジャーズ地域で

左上：スマーダを着けて背を向け、少女の恥じらいを再現する片倉もとこ　撮影：不明、1974年5月、ダフ・ザイニー村、KM_0727
左下：スマーダを着けた片倉もとこ　撮影：不明、1974年5月、ダフ・ザイニー村、KM_0913
右：日常着の長衣フスターンに頭・髪覆いシャルシャフをかぶった少女と男性用長衣タウブを着た少年
撮影：片倉もとこ、1982年11月、ダフ・ザイニー村、KM_1090

広くマッカ（メッカ）、ジッダ（ジェッダ）、そしてワーディ・ファーティマの一部地域でも、シュユーフ族、アシュラーフ族等の女性は薄い大きな布（ムダッワラ）で髪を隠し、その上にシャルシャフ等を眼だけのぞかせてかぶっていた。
　このように、乾燥した沙漠に暮らす女性たちは、厳しい日差しから身を守るため、異性の目から身を隠すため等、さまざまな目的から全身を覆っているが、半世紀前には、その衣服やかぶり物の、柄や色、巻き方等に一人ひとり個性を出して楽しんでいた様子がうかがえる。

沙漠の厳しい日差しから身を守る

　ガーゼの感触はやわらかく、にじみ出る汗をよくとってくれるばかりでなく、ぎらぎら焼きつく砂漠の太陽や、ともすると口の中にまで入って来て舌をじゃらじゃらにする砂風や砂嵐から守ってくれるのだ。用足しをしようとして太陽のおそろしさを知らない私がシャルシャフなしでひょいと外に出ようとすると（遊牧民のトイレは、必ず戸外である）、彼女たちは、大あわてで追いかけて来て、「あんたは、またそんな恰好で外に出る！太陽に喰われてしまっても知らないよ！」とどなりながら、大きなガーゼの布を頭から被せてくれるのだった。だから彼女たちは、昼間は家の中でもいつもこのヴエールを被っている。（『遊牧の女性―アラビアの砂漠に生きる人たち―』、188頁より）

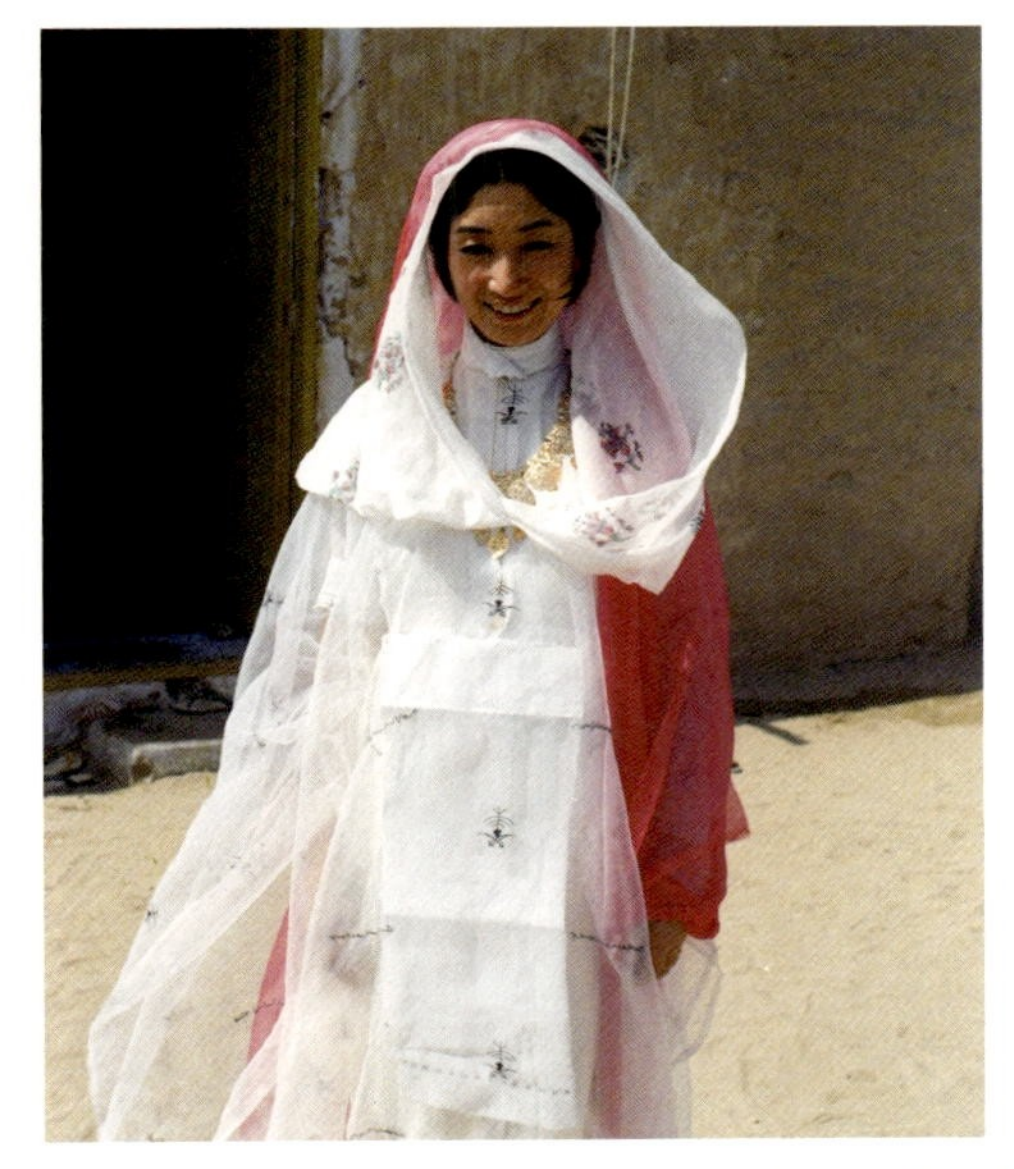

左：透ける生地の既婚女性用衣服ムサッダフをまとう片倉もとこ　撮影：不明、1974年、ダフ・ザイニー村、KM_5570
右：透ける生地の既婚女性用衣服ムサッダフ（MOKO財団蔵）

女性の外着、内着、肌着

ワーディ・ファーティマ地域における女性の衣服は、外着、内着、肌着(下着)と3層の重ね着が基本である。ただし、晴れ着のマハーリードの場合は、貫頭型長衣の内着を着ることなく、肌着の上に直接はおるのが普通であった。

外出時にはムサッダフと呼ばれる貫頭型長衣の重ね着、前開き外着を、内着の上から羽織って身体の線を隠し、顔はブルグア/ブルクアという飾面で覆ったり、シャルシャフという大きな布を巻いて顔を隠したり、さらに頭・髪覆いの布を頭からかぶって髪の毛をきっちりとしまい込むのが、一般的なスタイルであった。

私的空間である住宅の屋内、もしくは塀やテント布で囲まれた閉鎖的な屋外においては内着、貫頭型長衣(マキシ丈ワンピース)であるタウブ(トーブ)/サウブやフスターンを着用した。たっぷりとして身幅の広い貫頭型長衣は風通しがよく、一日5回のお祈りの際にも動きやすい。現代においてもこの形状の衣服を愛用している女性は、年配者を中心に少なくない。ただし最近では、部屋着としてはTシャツにジャージが、外出時の内着としてはシャツ、ジーンズ、スカート等の洋服、屋内での社交用にはパーティ用のドレスが一般的になった。

現代女性の肌着は化学繊維製の西洋スタイルが中心であるが、かつては汗をよく吸い取る綿製の布が主に使用された。上半身用のボタン付き前開きシャツ(上半身用肌着)のスダイリーヤ(シディリーヤ)/スダイリーヤと、腰周りがたっぷりとし足首の部分を締めた形状の下半身用パンツ(下半身用肌着)スルワールとに分かれていた。肌着の色は一般的に白であり、色付きのスルワールは内着としても使用された。また、パンツの足首部分には刺繍がしっかりと施されて丈夫になっていることが多く、生地が傷んできてもこの刺繍部分だけは切り離して何度もリサイクルされ続けたと考えられる。

郡司みさお/藤本悠子/アナス・ムハンマド・メレー

透過性のある生地に金刺繍を施した女性用晴れ着・外着(個人蔵)
もともとはアッリヤード(リヤド)等の都市部で主に着用されていた。

1 手づくりの女性用晴れ着・外着（MOKO財団蔵）
2 サムドゥ村のある高齢女性が使っていた肌着（個人蔵）
3 紺色地金花刺繍デザインの内着フスターン（個人蔵）
4 赤ビロード地に刺繍が施された内着フスターン（個人蔵）

肌着——暑熱を逃がし、肌を守る工夫

郡司みさお／坂田隆

頭や顔を布で覆う衣服は、肌の露出を少なくし、強い日差しや砂の侵入、汗の蒸発を防いでいた（50頁「暑熱と寒暖差への対応」を参照）。また外着の裾部分には丈夫なキルトを付けて灌木のトゲから足を守っていた（84頁「縫製」を参照）。

さらに下半身用肌着スルワールは、足首部分をすぼませてサソリやヘビ、虫、砂埃の侵入を防ぐ[1]と同時に、腰から大腿部付近をゆったりとさせ、大腿部から出る熱をこもらせない構造となっている。暑くなると女性は太ももの皮下の血流を増やして、汗をかかないでも伝導や輻射（ふくしゃ）で熱をすてることができる。したがって、女性にとっては太ももの部分の衣服がゆったりしていて、太ももから出てきた熱がたまらない方が熱をすてるのにつごうがよいのである（52頁「女性と男性の体温調整」を参照）。

女性の肌着には、暑い環境への適応の知恵が隠されているといえる。

ゆったりとした部分は
体から出る熱を
閉じ込めない

すぼまった裾は砂や害虫の侵入を防ぐ

1

2

3

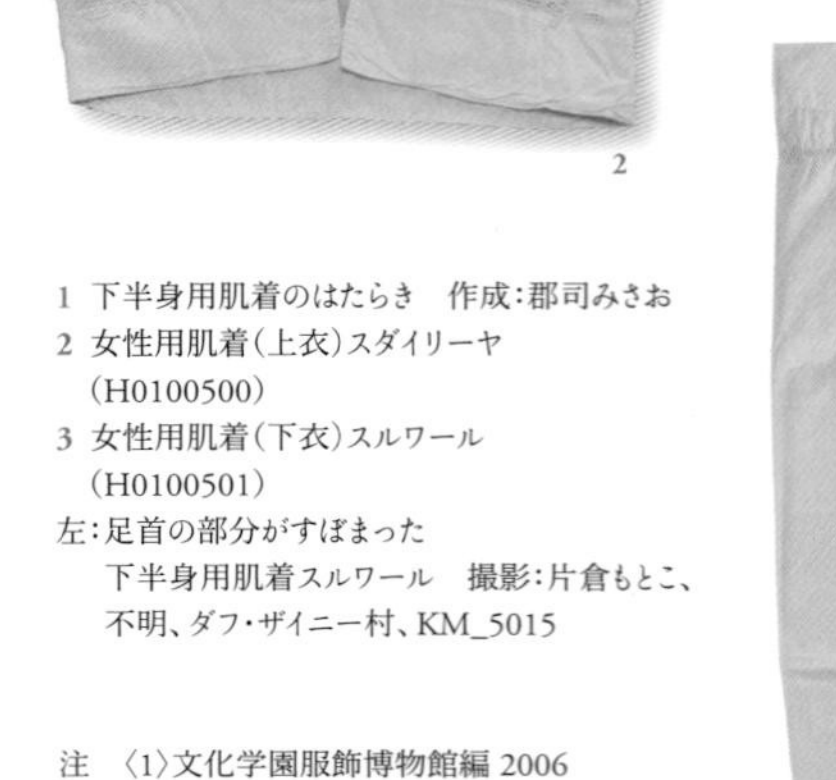

1　下半身用肌着のはたらき　作成：郡司みさお
2　女性用肌着（上衣）スダイリーヤ（H0100500）
3　女性用肌着（下衣）スルワール（H0100501）
左：足首の部分がすぼまった下半身用肌着スルワール　撮影：片倉もとこ、不明、ダフ・ザイニー村、KM_5015

注　〈1〉文化学園服飾博物館編 2006

肌着にみられる工夫

上半身には、ガーゼを細工した袖ぐりの広いブラウスを着る。これが、ブラジャーにもなる。中央をカフスボタンでとめるようになっている。このカフスボタンは、くさりやひもで連ねられていて、洗濯の時には、全部、とりはずしてガーゼだけを洗う。とりはずしたカフスボタンは、くさりで連なっているから、万が一、砂の上に落としても一つさがせば全部見つかるしかけになっている。このひもつきカフスボタンは先に述べた男のタウブにもつけられる。このズッラとよばれる一連のボタンには、しばしば金が使われ、装飾用兼財産保護の役割ももっている。

ボタン穴は、首のところからほぼ等間隔にあけられているが、乳房の間にあたるあたりは、赤ん坊に乳房をふくませるのに都合のよいように微妙に調節されている。

このガーゼのブラウス兼ブラジャーはスダイリーヤとよばれる。ガーゼは肌にやさしく、汗の吸収もよく洗濯も簡単、授乳にも便利で、しかも繊細で美しい模様が織りこまれているので、今でも私のお気に入りのブラウスになっている。彼女たちは、小さな一枚のガーゼを上手に裁ち、たて糸を抜いて、何本かを手でつまんで模様をつけるなどし、一カ月ほどかかって、やっと一つ作りあげる。私たちのブラウスと同じような形であるが、下着でもあるので、乳房の上あたりから必ず、フスターンやタウブで覆う。

上半身のスダイリーヤに対して、下には、スルワールとよばれるもんぺのようなものをはく。長さ六〇センチ、幅一五センチほどの白い帯をおへその上ぐらいからたらして、股のあたりをかくす。このたれ帯はダッカとよばれ、この名をきくと、セックスを連想して、にやけた顔をする男たちもいる。スルワールの腰ひもは、容易にとけぬくらい、きつく結ぶのが女のみだしなみとされている。(『アラビア・ノート』、75―76頁より)

裁断――一枚の布を効率よく使う

郡司みさお／遠藤仁／渡邊三津子

ワーディ・ファーティマ社会開発センターに所蔵されている振袖型晴れ着マハーリードは、黒い生地を裁断・縫製してつくった貫頭型長衣で、華やかな刺繍やアップリケ、裏あて布等が付加されている。裏返してみると、縫製の仕方や、刺繍を刺した順番等がよくわかる。現地での観察と採寸結果をもとに、生地の裁ち方と縫製の模式図を作成した。なお、下段の図の左側は、110cm幅の生地(生地については88頁「生地と柄」を参照)を利用した場合、取り都合が良くなるように配置したものである。ここでは、生地の裁ち方と各パーツの縫製の仕方を紹介する(全体の縫製手順は、84頁「縫製」を参照)。

この振袖型晴れ着は、一枚の布から裁断した16のパーツと裏地からなる。

❶**胴**…胴の身頃部分は、後ろ身頃、前身頃、首周りの布の3パーツからなり、幅はいずれも60cmであるが、それぞれ長さが異なる長方形をしている。首周りの布については、頭部が入る穴をあとから開けたと考えられる。

❷**袖**…袖は、肩袖と振袖部分の布に分かれており、左右合わせて五つのパーツからなる。まず、肩袖のパーツは台

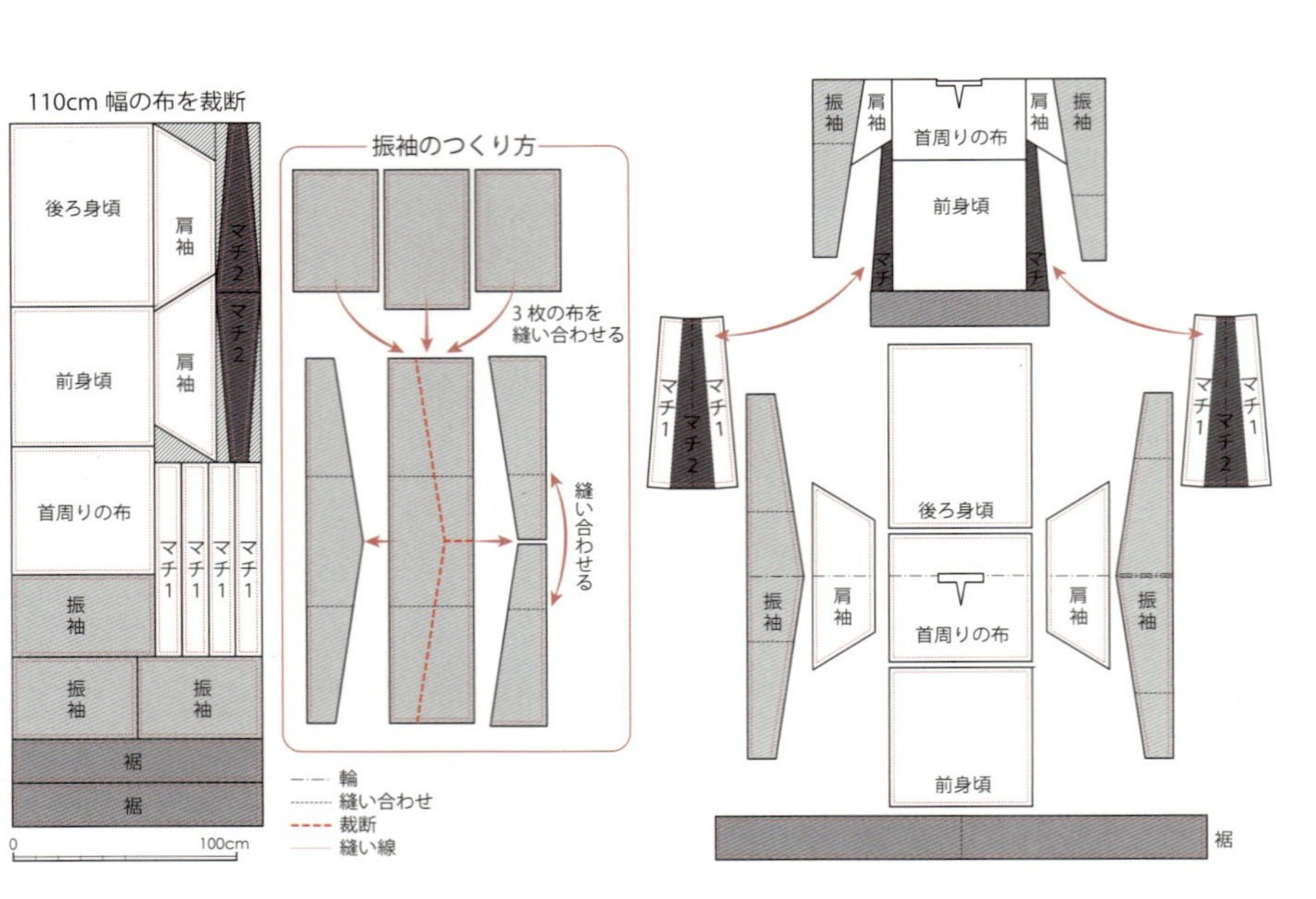

生地の裁ち方・縫製の模式図　作成:郡司みさお、遠藤仁

形の形をしている。次に、振袖部分を観察すると、つなぎ目が左右対称ではないことが分かる。振袖の裁断、縫製手順としては、まず三つの長方形のパーツをつなぎ合わせて細長い長方形の布をつくる。次に二等辺三角形を切り取る。残り布をさらに半分に切ってつなぎ合わせれば、もうひとつまったく同じ形の二等辺三角形ができる。これをそれぞれ二つ折りにして振袖にしたものと推察される。振袖の形は同じでも布地のつなぎ目の位置が違うのは、3枚の布を利用してつなぎ合わせて裁断したあと、結果的に右袖が3枚、左袖が4枚の生地をつなぎ合わせて構成されているためと考えられる。

❸**脇**…胴体部分の前身頃と後ろ身頃の間には、マチがつけられている。マチはそれぞれ3つの細長いパーツを縫い合わせてつくっている。

❹**裾**…裾に取り付けられる細長い長方形の布は2枚のパーツからなる。

❺**裏地**(**裾**)…裾布の裏地として、アメリカ合衆国にある、穀物・食品を取り扱う大手企業名の入った小麦粉用木綿袋を裾布と同じサイズで裁断したものが利用されている。

❻**裏地**(**首周りの布**)…首周りの布の裏地として、❺と同じく、小麦粉用木綿袋を首周りの布と同じサイズに裁断したものが使われている。

肩袖

振袖

マチ

裾

(正面)

(背面)

(裏背面)

ワーディ・ファーティマ社会開発センター所蔵の振袖型晴れ着(正面、背面、裏背面)(ワーディ・ファーティマ社会開発センター蔵)

縫製——リサイクル

郡司みさお／藤本悠子／渡邊三津子

全体的な縫製手順としては、胴体部分を縫い合わせた後で、別途縫製しておいた袖、脇布を縫い合わせ、最後に裾布を縫い付けたと思われる。

❶**胴体部分**…首周りの布に前身頃、後ろ身頃を縫い付ける。首周りの布には、あらかじめ裏地として、木綿製の小麦袋を同じサイズで裁断したものが刺し縫いされ、刺繍が施されている（刺繍については、86頁「刺繍とアップリケ」参照）が、いつの段階で施されたかは不明である。

❷**袖**…袖本体（肩袖）部分は、袖山を輪にして、肩口から手首に向かってだんだん広がるような形で袖下を縫い合わせる。次に、細長い二等辺三角形のパーツ（このパーツのつくり方については82頁「裁断」を参照）を半分に折り、袖山が輪になるようにして袖下と口下部分を縫い合わせて振袖をつくり、二等辺三角形の等辺の部分を袖本体布（肩袖）に取り付ける。

❸**マチ**…胴体部分の前身頃、後ろ身頃の間に脇口の下の部分から裾に向かってマチを縫い合わせる。左右の脇に取り付けるマチのおかげで、袖と胴体（前身頃、後ろ身頃、首周りの布）を立体的に縫い合わせることが可能となる。平面的な布地を三次元にするための要であり、脇や胴体周りにゆとりをもたせることで、動きやすい衣服となる。

❹**裾**…最後に、幾何学柄の刺繍やキルティング加工が施された細長い長方形の裾布が取り付けられる。裾布の裏布として、アメリカ合衆国の穀物・食料品取り扱いメーカーの企業名が入った木綿製の小麦袋が使われている。裾、表の布と重ね合わせて刺し縫いされる。デザインとともに耐久性を増す、しっかりとした構造である。沙漠に生える灌木のトゲから足を守り、またその重みで風にあおられず、実用的だと認識されている。[1] 家屋への一斗缶の再利用（66頁「ブリキ製の箱の家」参照）と同じように、身の回りにある物をリサイクルする生活の知恵を垣間みることができる。また、この裾部分は、たとえ本体が傷んでも、取り外して別の衣装に当てなおして使い続けられることが多いという。リサイクルをして生地を無駄にしない精神は、下半身用肌着に取り付けた刺繍の、足首部分を付け替えて使い続ける、という点にも見受けられる（80頁「肌着」参照）。

なお、小麦袋には「AUGUST 1966（1966年8月）」という文字もみられるので、この振袖型晴れ着が作成されたのは1966年以降ということになる。また、「SOUTHERN KING / PATENT / XXXX / FLOUR」という文字も読みとることができ、これは「PILLSBURY'S SOUTHERN KING PATENT XXXX FLOUR」というピ

注 〈1〉Ross 1994a

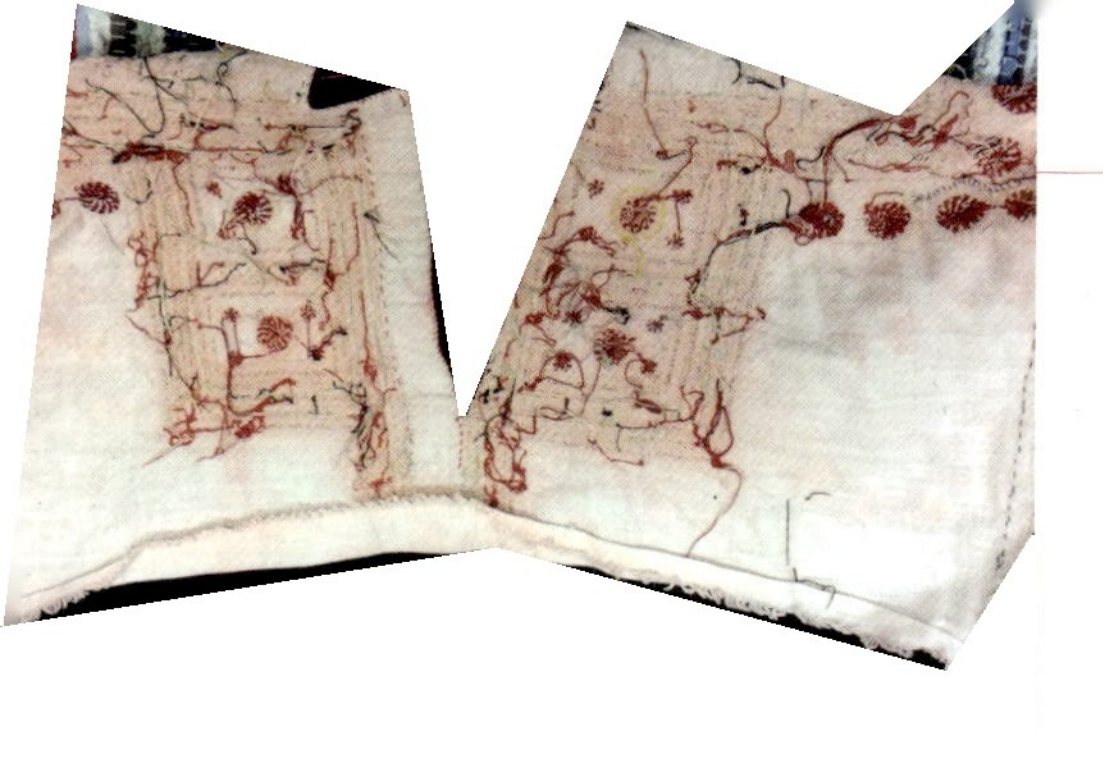

ルズベリー社の小麦袋の商標の一部とみられる。また、インターネット上に掲載されている同社の小麦袋のサイズから鑑みるに、数枚の小麦袋を利用しているものとみられる。

❺縫製と端の処理… 手縫いであり、非常に細かい手仕事をしているが、最後の仕上げで生地を縫い合わせるところは、目が不ぞろいであり、形も正確なシンメトリーにはなっていない。また、後ろ身頃の首周り、振袖部分の先等も切りっぱなしのままになっている。これと似たような事例について、ジッダ(ジェッダ)にあるアルタイバート・シティ・ミュージアムの学芸員に聞いたところによると、「あえて完全に仕上げない」ことにより邪視を防ぐという意味合いをもつ場合があるということであった。

上:首周り部分の裏地(ワーディ・ファーティマ社会開発センター蔵)
裏に別布をあてがって表地と合わせて刺し縫いし、
頭部が入る穴を後からくりぬいている。
中:背面裾部分の裏地(ワーディ・ファーティマ社会開発センター蔵)
「SOUTHERN KING / PATENT / XXXX / FLOUR」の文字が読み取れる。
下:正面裾部分の裏地(ワーディ・ファーティマ社会開発センター蔵)
「THE PILLSBURY COMPANY / GENERAL OFFICES / MINEAPORIS, MINN / U.S.A」「AUGUST 1966」
「A.H.R. / DAMMAM」という文字が読み取れる。The Pillsbury Company(ピルズベリー社)は、
アメリカ合衆国ミネソタ州ミネアポリスに本拠を置く、当時、穀物・食品取り扱いの世界最大手企業のひとつ。
右:ワーディ・ファーティマ社会開発センター所蔵のマハーリードの背面の裏地　撮影:郡司みさお、2018年5月(ワーディ・ファーティマ社会開発センター蔵)

刺繍とアップリケ——リバイバル

郡司みさお

刺繍については、一般的なウェイブステッチ、チェーンステッチ等がみられる。[1] ウェイブステッチで連続した三角形の模様を柄の一番外側に施すのが特徴的であるが（96頁「飾面のデザインと飾り」参照）、三角形の底辺は「女性が基盤として家を安定させている」ことをあらわしているため、女性用衣服に多用されるのだという（アルタイバート・シティー・ミュージアム学芸員からの聞き取りによる）。

特筆すべき刺繍・アップリケ装飾として、三角錐のように盛りあがった丸いベドウィン・ピナクル（スパイダーズ・ウェイブステッチ）と呼ばれる刺繍、赤い毛糸を縦横にくくりつけるコーチングステッチ、紺色と白の千鳥格子生地を使用したアップリケの3点が確認される。これらはすべてハルブ族の衣装の特徴といわれる。[1] なお、赤い毛糸のコーチングステッチ（現代日本の繊維業界では同様の手法をコードステッチと呼んでいる）は、衣装のパーツの縫い目において柄合わせを丁寧に施しており、繊細な仕上げとなっている。

アップリケについては、たとえ地域が何百km離れていても同じハルブ族の衣装であれば、濃い紺色（インディゴブルー）または紺色と白の細かい千鳥格子の、同じ布が使用されているのが一般的とされている。[1]

現代の衣装においても、コーチングステッチ、ベドウィン・ピナクル等の刺繍技術や、振袖状の長い袖がついた衣装の形状が、リバイバルされているものがある。

左：現代衣服のカラフルなコーチングステッチ（個人蔵）
右：刺繍が施された晴れ着を身に着けた女性　撮影：片倉もとこ、1970-71年、シャーミーヤ村、KM_0586

左：振袖型晴れ着の胸部に施されたベドウィン・ピナクル（スパイダーズ・ウェイブステッチ）などの刺繍（ワーディ・ファーティマ社会開発センター蔵）
中：振袖型晴れ着の肩に施されたベドウィン・ピナクル（スパイダーズ・ウェイブステッチ）の拡大（ワーディ・ファーティマ社会開発センター蔵）
右：アップリケとコーチングステッチ（ワーディ・ファーティマ社会開発センター蔵）

1 アップリケを配したラッパ型袖の冬用現代衣服（個人蔵）
2 石を模したと思われるプラスチック製飾り周りに
コーチングステッチが施された現代の衣服（個人蔵）

注 〈1〉Topham *et al.* 1982、Ross 1994a

生地と柄――リバイバル

ワーディ・ファーティマ社会開発センター所蔵の晴れ着マハーリード（74頁「女性の晴れ着と日常着」参照）の本体に使用されている生地は綿１００％、綾織、先染めの黒であった。生地幅はおそらく１１０㎝だったのではないかと推定される。なぜなら、この生地を最も効率のよい「取り都合」で使用したと考えられるからである。なお、身頃の幅はかつて使用していた手織り布の幅約60～70㎝とほぼ同じであり、日本でいえばちょうど2尺程度である。

また、この当時の布には現在ほどさまざまな広幅サイズはなく、技術的に90～１２０㎝幅が中心であった。仕立てやすい生地幅で、しかも先染めによるこっくりとした深みのある黒色、綾織の光沢感と感触は当時の女性に人気が出たものと思われる。黒綾織地の同等品はこの時期、アラビア半島のさまざまな衣服に使用されていた。[1]

現地で当時着用されていたと確認される女児用衣服フスターンの花柄の生地は、現在その復刻版が再び市場に出回っている。特に断食が行われるラマダーン月が近づくと、この復刻版の柄が懐古趣味の高揚とともに人気が出るという（ジッダ女子工業大学での服飾専門家からの聞き取りによる）。生地は緩い織りのレーヨン素材にプリント４版を施した後染めで、地色の染めむら、柄の版ずれが多いのだが、それがかえって素朴で郷愁を誘うようである。

左：花柄の古典柄パッチワークのフスターン（個人蔵）
右：ジッダにある女子工業大学の学生が作成した復刻版の花柄生地を使用したワンピース
撮影：郡司みさお、2018年5月、ジッダ（ジッダ女子工業大学蔵）

郡司みさお

注　〈1〉Topham *et al.* 1982

外着アバーヤの変遷

郡司みさお

1960年代後半から1970年代にかけて片倉もとこがワーディ・ファーティマで調査を行っていた頃は、村では色とりどりの外着を着て出歩く女性が多かったと考えられる。ところがサウジアラビアにおいて、成人女性に対して外出時にアバーヤ／アバーアの着用が奨励されワーディ・ファーティマにまでその波が届いたのは1980年代の終わりから1990年代にかけてとみられる。

黒い外着アバーヤが着られるようになった当初は、四角いものが主流であったが、その後前開き部分をホックやファスナー等で留めるものや、袖が付き、動きやすいものへと変わっていった。さらに黒いレースやビーズ等で装飾されたものも売られるようになった。

この数年は、町では色付きやデニム素材、かぶるタイプのドレス式アバーヤが売られ始めた。今後、アバーヤのデザインや色、着用の度合いについても大きな変化がみられる可能性がある。

黒いアバーヤの下には

家の中に入るや、すぐ、アバーヤとよばれる頭のてっぺんから足首までのゆらゆらの黒いガウンを無造作に脱いで、日本の着物のように、作法に従って手早く長方形に折りたたみ、薄物の布でできたタラハとよばれるヴェールを顔からはぎとると、原色花模様などのまばゆいような長衣の衣裳である。

（「遊牧の女性―アラビアの砂漠に生きる人たち―」、186―187頁より）

上：アバーヤとニカーブを着て手作業をする女性　撮影：郡司みさお、2005年、アッリヤード
下：アバーヤとニカーブを着て働く女性たち（右側2名がサウジ女性）　撮影：ジッダ女子工業大学教員、2018年5月、ジッダ女子工業大学

1980年代の黒やカラフルなものが入り混じった女性の外着　撮影：片倉もとこ、1983年、ダフ・ザイニー村、KM_5049

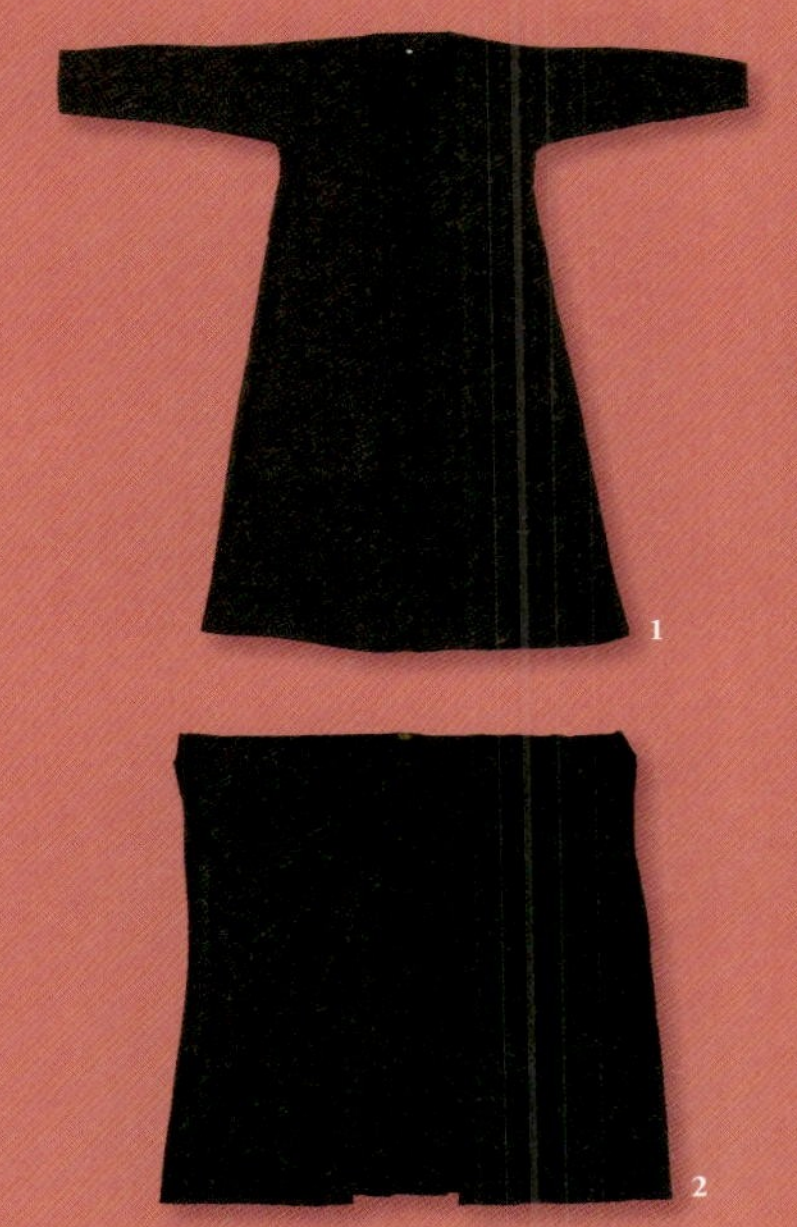

黒い外着アバーヤの形の変遷　作成：郡司みさお、遠藤仁

現在 ← **1980年代〜**

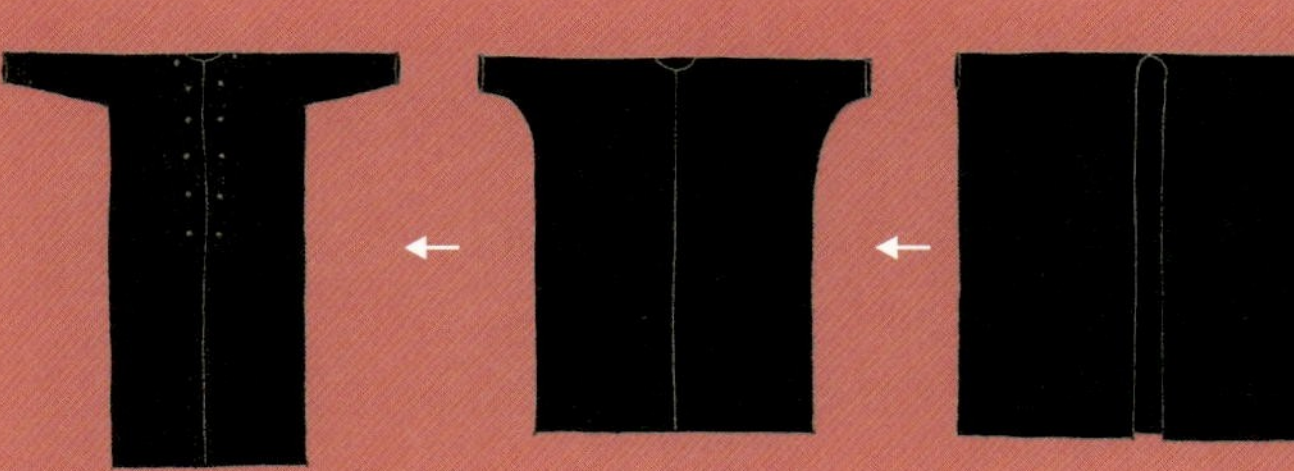

袖が付き動きやすい形になり、ビーズや刺繍で装飾されたものもある。

前にスナップやファスナーが付き、小さな袖も付きはじめる。

前がはだけないように常に手で押さえる必要があった。形は四角で袖もないつくりであった。

1　袖つきで刺繍が施された現在の黒い外着アバーヤ（MOKO財団蔵）
2　四角い形のかつての黒い外着アバーヤ（H0100461）

現代によみがえる内着フスターン

結婚式や女性同士のパーティに招かれると、女性たちは黒いアバーヤ／アバーアの下に華やかな内着をまとって出かけていく。西洋式ドレスも人気であるが、アップリケや、ベドウィン・ピナクル、コーチングステッチを現代風に活かし伝統的な柄、長い袖の形を取り入れた衣服も好まれる。

1

2

郡司みさお

3

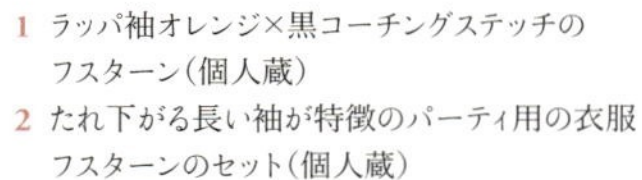

1 ラッパ袖オレンジ×黒コーチングステッチのフスターン（個人蔵）
2 たれ下がる長い袖が特徴のパーティ用の衣服フスターンのセット（個人蔵）
3 紫地に金刺繡とビーズで装飾が施された衣服フスターン（個人蔵）
4 コーチングステッチとベドウィン・ピナクル風ビーズ刺繡が施された衣服フスターン（個人蔵）

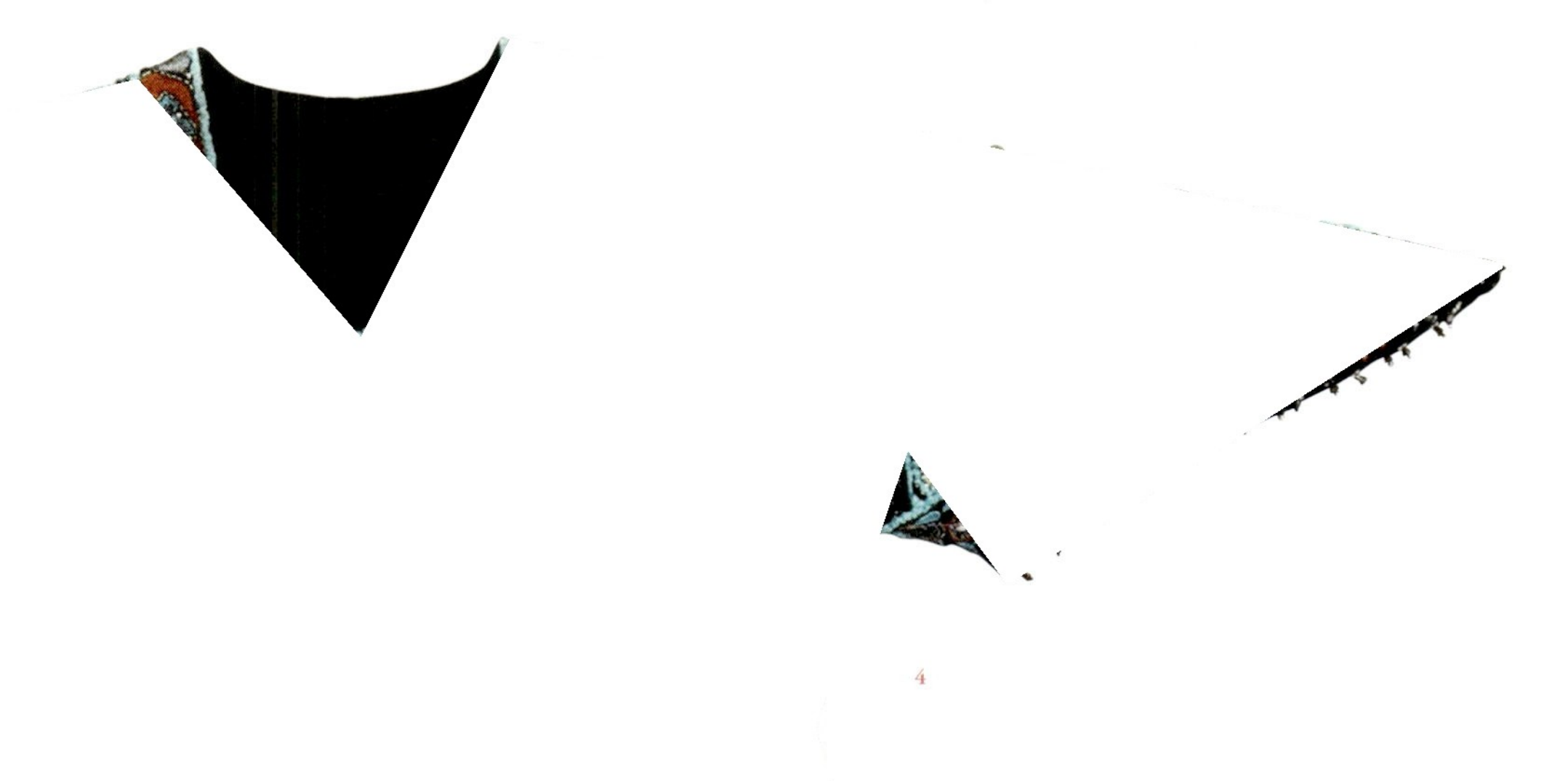

4

現代女性の装い

郡司みさお

現代サウジ女性のほとんどは、黒いブルグア／ブルクアまたはニカーブで顔を隠し、黒いタラハ（タルハ）／タルハで髪を覆い、さらに黒いアバーヤ／アバーアを身にまとい身体の線が出ないように気遣っている。

しかしそのアバーヤにも流行があり、専門の高級ブランドが登場していたり、女性専用ファッションショーを観てオーダーすることができたり、と多種多様である。一口にアバーヤといっても、袖口や裾についている刺繍、スカラップ、スパンコール等ディテールは多岐にわたり、金額もスーク（市場）で販売されている1500円程度のものから20万円もするものまである。

では、アバーヤの下には何を着ているのか？ 答えは「何を着てもよい、ただし、万が一アバーヤがめくれたときに肌や身体の線がみえないように」である。現代のサウジアラビアには、欧米や日本と変わらずブランドものや世界的なファストファッションに身を包む女性もいれば、普段はジャージ等の動きやすい服を愛用している女性や、伝統的な貫頭衣をまとっている女性もいて、さまざまである。ただ、一日5回のお祈りでは、頭を床につけたり座ったり立ったりする動きがあるため、普段着には動きやすさが求められる。

また結婚式会場に客として招かれると、まるで花嫁

上：現代の女性だけの結婚式会場の様子
画：郡司みさお、『ハルム・アラビアの夢—住んでみた砂漠の国、覗いてみた素顔の暮し』、61-64頁、©Misao Gunji
下：パーティー用ドレス（現代風）
黒いアバーヤの下に鮮やかなドレスをまとってパーティーに出かける
撮影：郡司みさお、2010年2月、ジッダ

のお色直しのように華やかなロングドレスを着ている女性客が多いことに気づく。新郎新婦にはあまり縁のない人まで招待され、女性だけでも数百人が会場にひしめく。家族以外の男女が同じ空間にいることは慎まなくてはいけないため、男性客は新郎と、女性客は新婦と別々に祝う宴だが、女性会場にだけは踊りや音楽等が入り、その華やかさには圧倒的な差がある。よって、ドレス市場も活況を呈している。また、子供服はフェミニンなものやブランド品が人気ではあるが、その一方、低品質・低価格の輸入品も出回っている。

飾面のデザインと飾り

郡司みさお／藤本悠子／遠藤仁／アナス・ムハンマド・メレー

女性用飾面ブルグア／ブルクアのデザインや装飾は、民族集団または個人によって多種多様で個性にあふれている。飾面は一枚の布でできており、目の部分だけに長方形の穴をあけ、固定用の紐が両端の上部に付けられている。中央部分は、布を山型に折り合わせ出っ張る形状になっている。この基本の形は共通するが、それぞれ装飾の部位ごとのデザインによって変化をつけている。

中央の布を二面合わせ、コインが付けられた部分はガッルム／カッルム、左右の房飾りはムターウィーフ、並んだボタンの飾りはサダフ(二枚貝の意味)と呼ばれている。また、ブルグワの下部についている、鈴のような丸い一列の粒銀細工はズワンドゥ、ブルグア下部、左右に2か所取り付けられた三角形の細線細工を施した銀製装飾品はラザーイン・アルブルグアと呼ばれている(シャーミーヤ村の60代女性などからの聞き取りによる)。

なお、目の穴の下に取り付けられているアップリケには、三角形の連続模様がチェーンステッチで施されている。これは、女性の家庭内での安定という意味が込められたものだという(アルタイバート・シティー・ミュージアム学芸員からの聞き取りによる)。また、目の上のまゆ毛の位置には、葉型の飾りが取りつけられることが多い。この飾りの数、三角形の刺繍の数は奇数であることが多く、これは現地では奇数が縁起がいいとされることに関係していると考えられる。

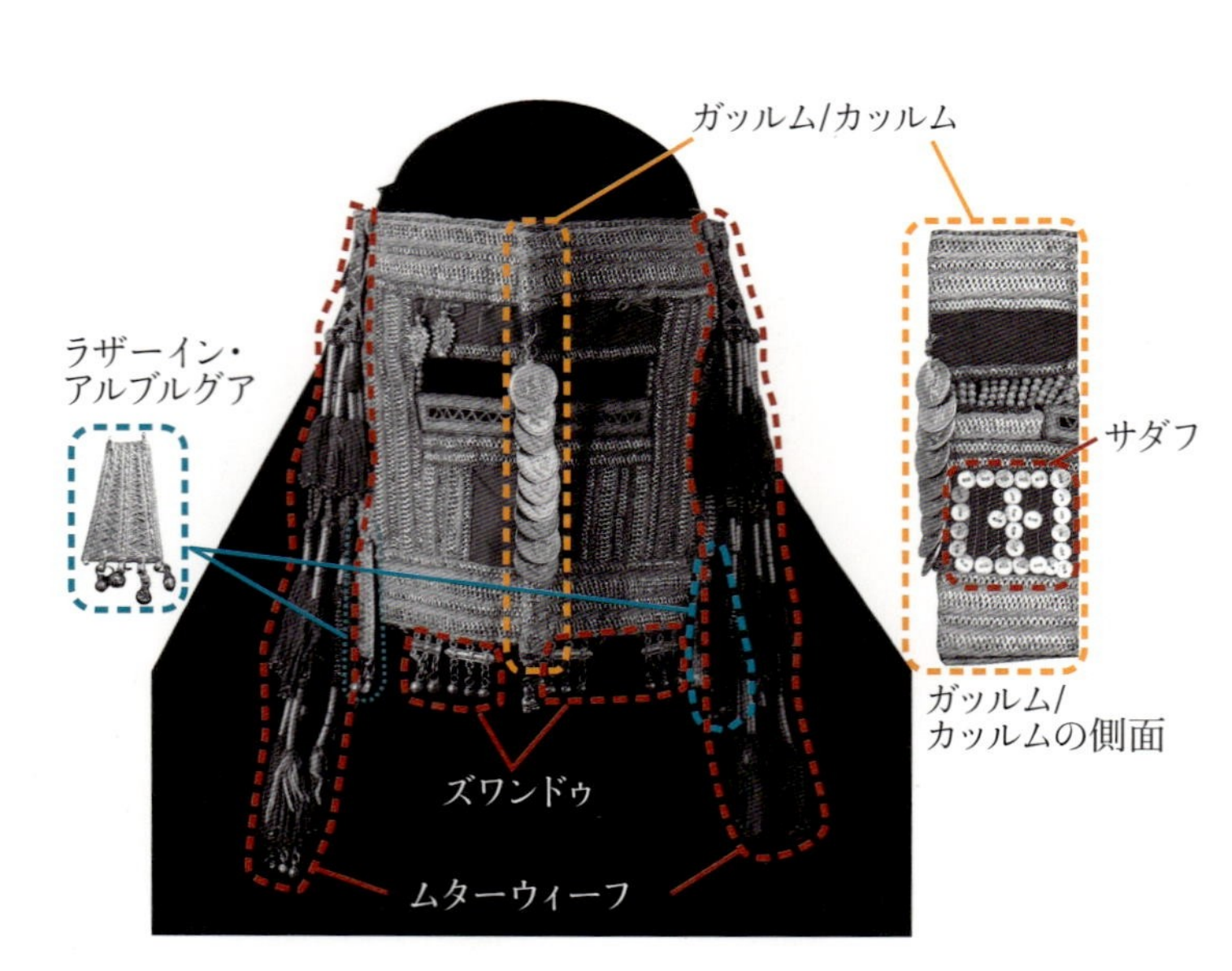

飾面の部位名称　作成：遠藤仁(MOKO財団蔵)

ブルグアをかぶった少女が水くみ用のタナカ(一斗缶)とやかんをもっている。
撮影:片倉もとこ、1970-71年、シャーミーヤ村、KM_5573

上:飾面(MOKO財団蔵)
中:飾面(MOKO財団蔵)
下:目の穴の下のアップリケに施された三角形の連続模様(MOKO財団蔵)

飾面の材料とつくり方

郡司みさお／藤本悠子

99頁下段右側の飾面ブルグア／ブルクアを例にとって推定されるつくり方を解説する。

❶赤い生地に、ティッル／トゥッルと呼ばれる平銀糸を織り込んだコード状の組ひもを縦・横に縫いつけ、さらにビーズやボタン、刺繍、アップリケを刺し、その後、中央を折り上げて高く飛び出させる。中央部分は、表生地をつまんで縫製し、9cmもの高さにしている。

❷この中央部分に、上から下まで一列にコインを留めつける。ほとんどの場合、コインは下にいくほど大きなサイズを選んでいて、コインの種類等はあまり気にせず、サイズ重視でランダムに取り付けられている場合が多い。

❸赤い表生地が仕上がったあと、白い裏生地とともに中おもてに合わせ上部、左右の三方を縫ってから裏返し、端を黄色と緑色の糸でクロスステッチ処理をする。さらに上部、左右の3辺に小さな鉛ビーズを縫い付け、一番下には銀製装飾品を付けながらまつり縫いをする。

❹左上、右上に革を編んだ房飾りを3段、左下、右下、中央下には革と鉛ビーズの房飾りをとりつける。最後に裏側に羊革の紐を縫いつける。裏側には、着用していた女性の口紅の跡が観察される場合もある。

さまざまなパーツを組み合わせる飾面のつくり方は、母から子へと受け継がれてきた。装飾に用いられている平銀糸を織り込んだ組紐ティッルは、技術をもった女性がつくっていた。ワーディ・ファーティマ地域の場合は当時、アイン・シャムス村のみでティッルづくりが行われていたようで、マッカ(メッカ)から商人が直接買いつけに来ていたという。しかし飾面の利用そのものが次第に衰退していったことに伴い、ティッルづくりの伝統は途絶えてしまった。

一方、99頁下段左側のブルグアは、下辺のまつり縫いが施されていない。一部のみ最終処理を施さないのは、邪視除けの効果を期待したものと考えられる(アルタイバート・シティ・ミュージアム学芸員による)。ただし、このブルグアは雑な仕上げであり、おそらく素人が趣味でつくったものと想像される。

ワーディ・ファーティマ地域において、このタイプのブルグアはブシュール村等でつくられていたが、ダフ・ザイニー村ではつくられていなかった。そのため、ダフ・ザイニー村の女性の場合は、一部の人のみが自らの好みで購入して着用していたということであった。

裏面に口紅のついた跡が観察される飾面(個人蔵)

左上：ティッルづくりの様子
撮影：片倉もとこ、1969-70年、アイン・シャムス村、KM_3342
右上：飾面に縫い付けられたティッル（MOKO財団蔵）
左下：飾面（MOKO財団蔵）
右下：飾面（MOKO財団蔵）

目を印象的にみせるクフル

竹田多麻子

アラブ女性の大きな目は、その周りが黒く彩られるために黒いベールと相まって、とても印象的にみえる。イスラーム世界等では広く、目の周りを黒く縁取る化粧が行われ、この黒い顔料やその原料がクフル（コホル）と呼ばれる。この方法は目を美しくみせるためだけでなく、沙漠の砂や太陽の強い光から目を防御する目的もあったといわれ、その歴史は古代メソポタミア、エジプトにまでさかのぼることができる。〈1〉女性だけでなく、遊牧民の男性、かつては目の健康を願い赤ん坊にも使用されていた。〈2〉

クフルは専用の容器（ミクハラと呼ばれる）に入れられ、顔料を目につけるスティック（ミルワドと呼ばれる）とで一セットとなる。古代から中世にかけて、クフルを入れる容器は華やかな装飾の施されたガラス製品が主流であったが、〈3〉現代では金属製品にとって代わられている。イスラーム時代のクフルの原料は、方鉛鉱（硫化鉛）、輝安鉱（硫化アンチモン）、カーボンとされる。〈4〉２０１９年のサウジアラビアにおける現地調査では、ジッダ（ジェッダ）でクフルの石と呼ばれる鉱物と顔料が売られていた。東京学芸大学文化財科学研究室の分析によると前者が硫化鉛、後者がカーボンを含む物質の可能性ありという結果※であった。

ワーディ・ファーティマでの聞き取り調査によれば、一部の地域では、過去にクフル容器が花嫁道具のひとつであったり、専門の職人によって木製容器がつくられたりしたという。現在でも、香料商ではクフルの原料と容器が販売されているが、これらを使わず、アイライナーを用いるという人もいた。クフルや装飾の凝った容器利用が少なくなっている一方で、目の化粧が古代から続く習慣として現在も生き続けている。

「一眼」でわかる

調査の始め頃は、「私の名前覚えている？」と彼女たちに聞かれる度、眼だけで人を覚える難しさに弱ったものだった。（中略）私の家に遊びに来たりするような頃になると、案外、文字通り一眼で、誰が誰だかわかるようになるものだ。（「遊牧の女性―アラビアの砂漠に生きる人たち―」、１８８頁より）

※分析結果は未発表である。

注　〈1〉Gibb *et al.* 1986、Houtsma ed. 1987　〈2〉Katakura 1977、片倉 1979　〈3〉Brosh 1993、Shindo 1993　〈4〉真道 1996

上：スティック中央のウルドゥー語（右は人名、左は地名）
下：香料商で販売されているクフルの石。砕いて粉末にして使用する（撮影：竹田多麻子、2019年1月、ジッダ）

クフル容器の実測図
作図：遠藤仁（H0126909）

クフル容器（化粧品入れ容器）（H0126909）

このクフル容器は、サウジアラビアの現地画家サフィーヤ・ビンザグル氏が祖母から譲り受け使っていたものを片倉もとこに贈ったといわれている（156頁「伝統文化を後世につなぐ芸術家」参照）。容器本体には、花と葉がバネでついており、生命の樹の装飾が施されたスティックが容器の蓋の役割をしている。スティックの中央にはウルドゥー語で、片面にはイスラーム教徒の男性の名前である「ナジュムッディーン」（写真右上）、裏面は、「デヘリー（インドのデリー）」（写真左上）と記されている。ウルドゥー語の使用から、この容器は、現在のインド、パキスタンあたりでつくられたと考えられる。

女性用装身具のセットと「ベドウィン・ジュエリー」

遠藤仁

サウジアラビアを含めたアラビア半島の一部の女性たちが身に着けていた銀製装身具は、「ベドウィン・ジュエリー」と呼ばれている。[1]

その特徴は、鋳造でつくられた素体（造形の基礎部分）に、粒や線状の部品をろう付けし、さまざまな幾何学模様で装飾したものである。ろう付けとは、金属を接合するために、母材よりも融点の低い合金（銀製品の場合は銀ろう）を溶かして、母材を融解させずに複数の部材を接合させる技法である。

これらの銀製装身具の多くは、主にイエメンのサナアのユダヤ系職人の手によりつくられていたとされている。[2] サナア近郊は、アラビア半島有数の銀の産出地として知られており、銀細工職人も多く居住していた。[3] ここ数百年程の不安定な社会情勢の影響で、銀細工職人はアラビア半島各地に分散したが、現在も銀製装身具が各地でつくり続けられている。

「ベドウィン・ジュエリー」は、鈴やコイン等が付いて音が鳴るものが多いのも特徴のひとつである。また、それらがもつ意味としてはさまざまな考察がある。例えば、首飾りは幾何学や三日月、円筒型等の装飾が付けられたものが多く、これは邪視除けの護符としての意味が込められたものが多いと考えられている。[4] 装身具に付けられた石等の装飾の色としては、特に緑や青色（トルコ石）、赤色（サンゴ、瑪瑙）、黄色（琥珀）が好まれていた。[4]

装身具に関しても、片倉の残した調査データを再検討しつつ、その半世紀後の追跡調査を行っている。現在は「ベドウィン・ジュエリー」はほとんど身に着けられておらず、聞き取り調査によると、装身具を身に着ける意味等についても、若い世代にはほとんど継承されていないことがわかってきた。

銀製の球状ビーズを用いた首飾り（個人蔵）

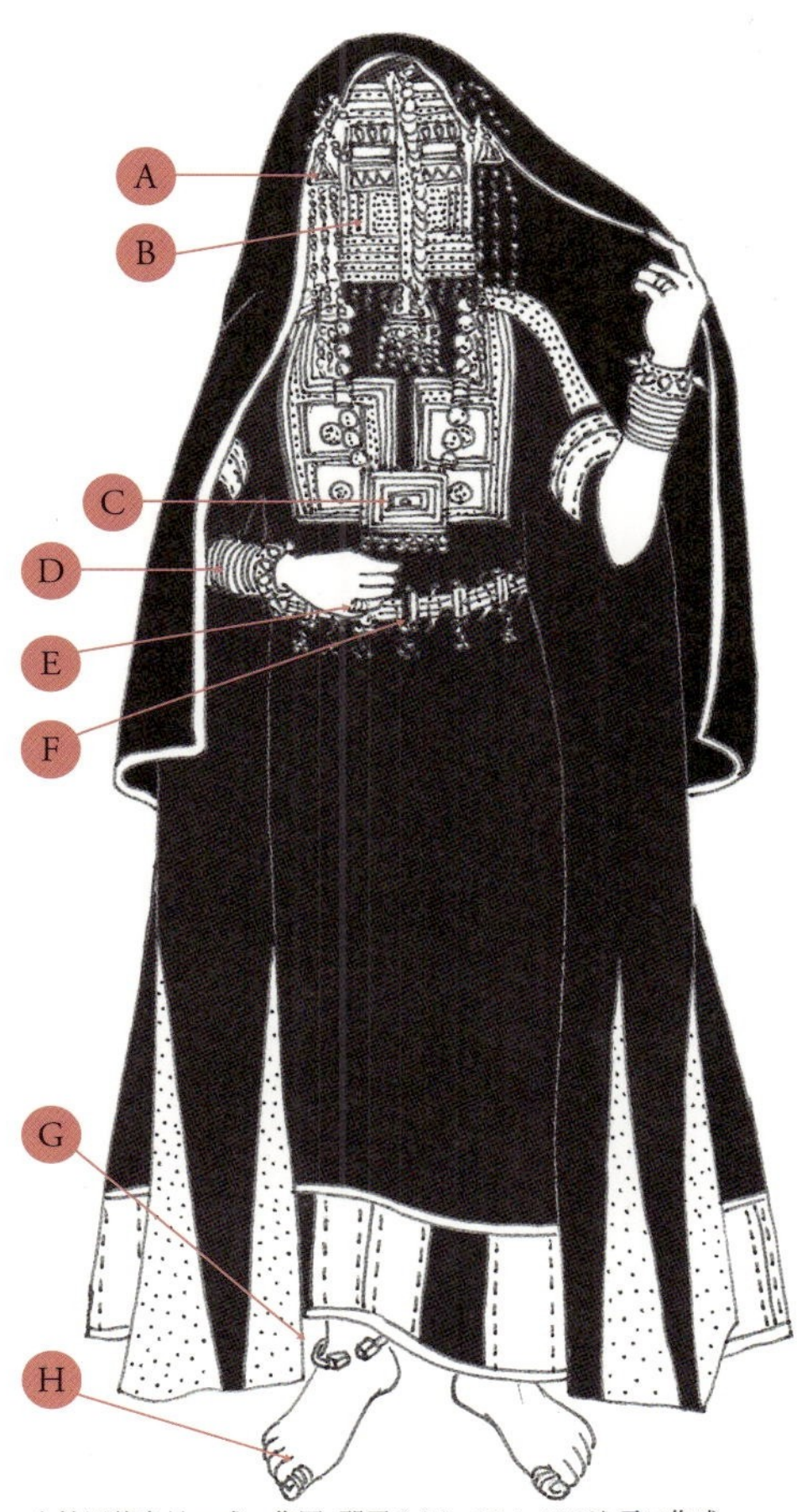

女性用装身具一式　作図：郡司みさお、KM_0586を元に作成
A：頭飾り（頭の左右に着ける）　B：飾面　C：首飾り
D：腕輪（左右の腕に複数着ける）　E：指輪　F：腰飾り
G：足輪（左右の足につける）　H：足指輪
※本図は足指輪をしめすため裸足に描いている。

祭りの日に着飾った女性
撮影：片倉もとこ、1970-71年、シャーミーヤ村、KM_0586

銀製の鎖を組み合わせた腰飾り（H0100430）

注　〈1〉露木 2013　〈2〉Al-Jadir 1981、Ransom 2014　〈3〉Ransom 2014　〈4〉Topham *et al.* 1982

頭飾りと首飾り

遠藤仁

頭飾りは、銀製の鈴やコイン等を鎖でつなげ、頭部の左右にぶら下げるように身に着けるもので、[1]通常頭部を覆う布シャルシャフの上から着ける。

首飾りは、さまざまな素材のビーズや鎖をつなげ、首の周りを飾る装身具である。「ベドウィン・ジュエリー」と呼ばれるものには、その下方中央に線や球状の細かな装飾が施された銀製の幾何学や三日月型等の大ぶりのペンダントが付けられたものが多く、護符として用いられるものもある。[2]護符には、正方形の箱状のものや円筒状のものがある。本来それらは、一端が開閉可能な構造になっており、内部に聖典クルアーンの聖句を書いた紙片を入れるようになっていたと考えられるが、これらを観察すると実際は開けられない場合があり、単なるデザインとして箱や筒状の装飾となっているものも多い。また、大ぶりの銀製の中空の球や俵型ビーズで、首飾りを構成するのも「ベドウィン・ジュエリー」の特徴となっている。[3]

首飾りには、首周りにぴったりと巻く、首輪のようなものもあり、それらは銀製の鎖を多用したデザインとなっている。

左：大きな装飾の首飾りをつけた女性　撮影：片倉もとこ、1970-71年、シャーミーヤ村、KM_5563
右：護符が付けられた首飾り（個人蔵）

注　〈1〉Ross 1978　〈2〉Ross 1978、Topham *et al.* 1982　〈3〉Topham *et al.* 1982

1 護符が付けられた首飾り(H0100442)
2 幾何学型の装飾が付けられた首飾り(H0100440)
3 幾何学型の装飾が付けられた首飾り(H0100443)
4 幾何学型の装飾が付けられた首飾り(H0100441)
5 頭飾り(H0100429)
6 首輪型の首飾り(H0100432)

1

3

2

5

4

6

腕輪、足輪、指輪

遠藤仁／郡司みさお

腕輪や指輪は銀製のものが多く、足輪は銀製のものもあるが真鍮(しんちゅう)製のものも多くみられる。腕輪や足輪は、女性のみが身に着けることが多く、[1]指輪は男女とも身に着ける。また、これらには日常的に身に着けるものと、結婚式やお祭等特別な日にのみ身に着けるものがある。特別な日には、特に女性は首飾りと合わせて、特別な腕輪を複数連ねて身に着け着飾ることがあった。

107頁の写真は、1970年代にシャーミーヤ村での結婚式に参加した高齢女性を写したものである。多連の首飾りや、特別な飾面、3連の腕輪を着けている。特に円錐状の装飾を複数ろう付けした腕輪が目を引くが、これは片倉の収集品(107頁3)や、筆者らが調査時に撮影した資料(107頁1、2)と類似している。聞き取り調査によると、サムドゥ村で1970年代に結婚した女性が実際に、自分の結婚式で身に着けたもので、マッカ(メッカ)の銀細工店で購入したものだという。しかし、彼女の娘はこの腕輪を継承することなく、特別な日にこのような伝統的な装身具を身に着ける習慣は廃れてしまったという。

足輪は、女性だけが身に着けるもので、通常、両足にひとつずつ同じデザインのものを着ける。[1]鈴が複数付けられ、音が鳴るものもあった。[1]

指輪は、男女とも日常的に身に着けることが多く、手だけではなく、足の指に着けるものもある。足の指に着ける指輪は、もともとアラビア半島にはなく、アフリカの影響によるものだと考えられている。[1]

足輪の音色

「写真にとっておきたいな、ないしょでポケットにカセットレコーダをしのばせておけばわからないかな」などというわたしの雑念は、女たちの夜会がたけなわになるにつれ、いつのまにか、なくなってしまうのが常だった。馥郁としたお香の香り、お互いにふりかけ合う薔薇水。コーヒー、紅茶。そのうち、だれかが太鼓をたたきだし、だれかがうたいだす。円のなかに、ひょいと飛び出て、つつっつつっと足をじょうずにすべらせフルハール(足輪)の鈴を、ちりりんちりりんと鳴らしながら、色とりどりの衣装をゆるがせながら、天女たちが荒野に舞いおりてきたかのように、のびやかに、たおやかに、からだをくねらせる。(『沙漠へ、のびやかに』、21頁より)

注　〈1〉Ross 1994b

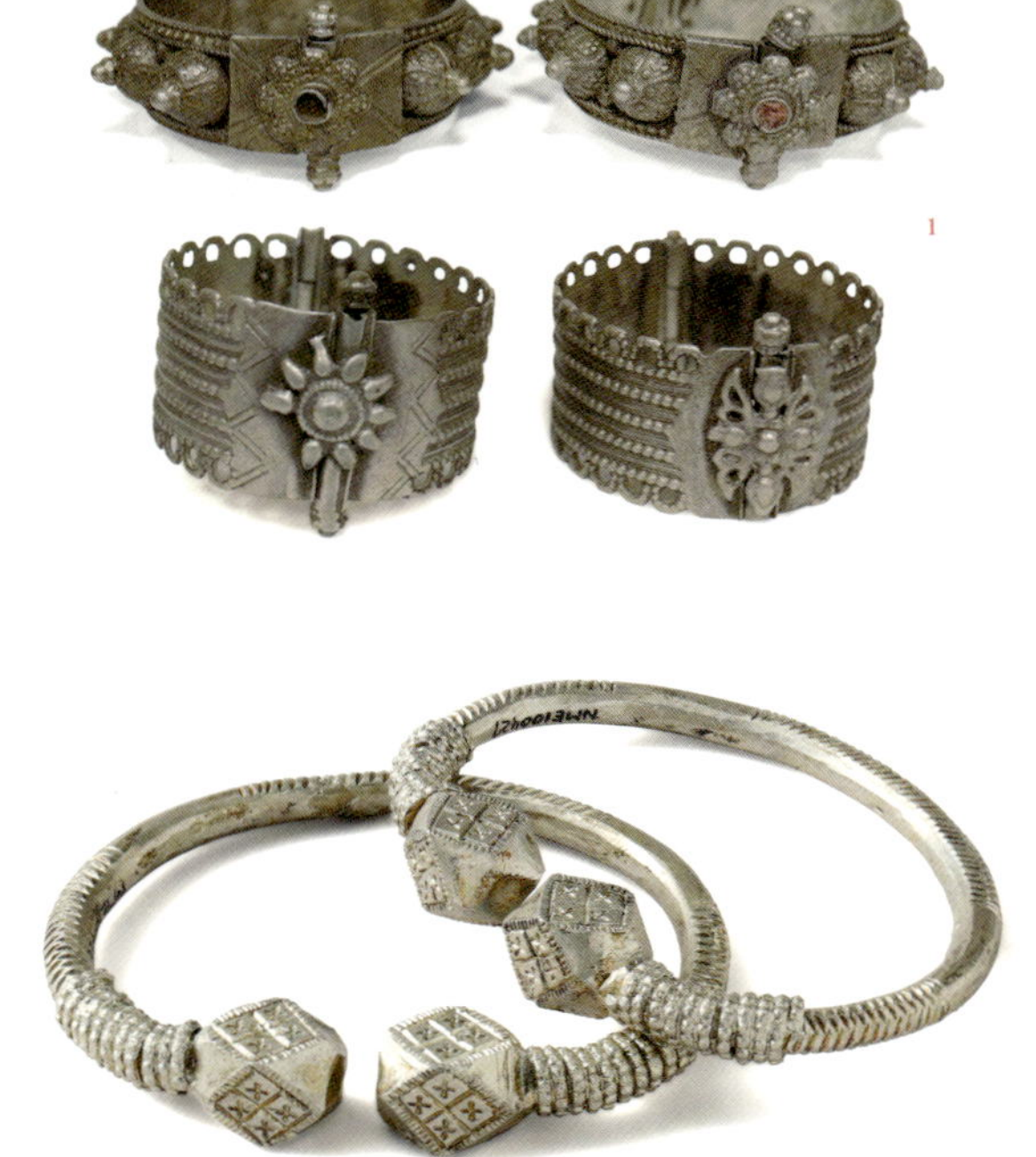

1 サムドゥ村の女性が結婚式で身に着けた2連2対の銀製腕輪(個人蔵)
2 真鍮製足輪(H0100427、H0100428)
3 銀製腕輪(H0100435、H0100437、H0100434、H0100436)
4 銀製足指輪(H0100431)

お祭りの日に多くの装身具を身に着けた女性
両腕に特別な日にだけ着ける3連の銀製腕輪をしている
撮影:片倉もとこ、1970-71年、シャーミーヤ村、KM_0586

足輪を身に着けた女性
右端の女性は両足にひとつずつ足輪を着けており、日常的に身に着けていたことがうかがえる
撮影:片倉もとこ、1968-70年、ダフ・ザイニー村、KM_2845

指輪の構造と社会的機能

遠藤仁／アナス・ムハンマド・メレー

片倉が収集した装身具のなかには、鈴が付けられた首飾りや、音が鳴る指輪もある。特に幅広のリング部分に大きな筒状の装飾が付けられた銀製指輪は、目を引く形状で、なおかつ音が鳴るというアラビア半島以外ではあまり類例がみられない特徴的なものである〈1〉。

この指輪は、筒状部品の中に玉が入れられ、振ると音が鳴る構造をしている。アラビア半島南端のイエメンでつくられたと推測されるもので〈2〉、粒や線状の銀で多彩な装飾が施されている。ではなぜ、装身具が音を鳴らすのか、その理由を聞き取ると、ワーディ・ファーティマ地域では、音を鳴らすことにより女性が自分の存在を知らせ、生活空間を異にする男女間の不用意な摩擦を避けるためであることがわかった。装身具は、身を飾る側面のみに目を向けがちであるが、少なくともワーディ・ファーティマ地域では、このような社会的機能をもっていたことが確認できた。

そして半世紀がたつと、若い世代の人びとは音が鳴る理由を知らず、男女の空間をへだてる生活空間も徐々に変わりつつある。このように音が鳴る指輪の衰退からも、生活の変容の一端をうかがうことができるのである。

ワーディ・ファーティマで使われていた類似銀製指輪　作図：遠藤仁（ワーディ・ファーティマ社会開発センター蔵）

注　〈1〉露木 2013　〈2〉露木 2013、Al-Jadir 1981、Ransom 2014

1 音が鳴る銀製指輪（H0100424）
2 音が鳴る銀製指輪（個人蔵）

ジッダで収集した類似銀製指輪と内部に入れられていた玉　作成：遠藤仁（個人蔵）

装身具の材――瑪瑙、ガラス、プラスチック

遠藤仁

装身具を衣服につけることを守護の護符とみなすことは、古代からの風習とされている。古代においては貴金属や宝石を取り付けることは、力の強化、健康促進等の祈願のほか、宗教的な意味合いもあったようであるが、のちに、コイン等がステータスのシンボルとして縫い付けられ、宝石の代わりに安易に手に入るもの、動くとキラキラと光るものが好まれるようになったと考えられる。〈1〉

装身具にはさまざまな色の貴石や準貴石が取り付けられ、装飾されることがある。〈2〉とりわけ、準貴石の瑪瑙(めのう)は天然の縞模様や、赤や黄、白、黒、緑等、豊富な色の種類があり、多く用いられている。アラビア半島ではイエメン北部、サナア近郊で産出し、中世以降はサナアが一大加工センターとなり、その製品はアラビア半島や北アフリカ全域へと広く流通している。〈3〉また、瑪瑙はその主成分がシリカで、ガラスに近い性質をもっており、半透明で光を透過するため、光の加減でさまざまな表情をみせる。貴石よりも希少性が低く、手に入りやすいため、首飾りや指輪、腕輪等の装飾として重宝されている。

しかし、貴石や準貴石は産出量が少なく、その色や模様も天然由来であるため、好みのものが入手し難い。そのため、その代替品としてガラスが重用されている。ガラスは透明度が高く、貴石の特殊な色や、準貴石の縞模様等を容易に人工的に再現でき、なおかつ、安価で大量に生産できるため、現在多く利用されている。また近年では、透明度は低いものの、ガラスより安価で、壊れにくいプラスチックもその代替品として、大量に流通しており、ガラスをしのぐほどである。

瑪瑙を模したと思われる赤いガラスビーズが使われた首飾り（個人蔵）

注　〈1〉Topham *et al.* 1982、Ross 1994a　〈2〉Topham *et al.* 1982　〈3〉Ransom 2014

天然の縞模様があるインド産瑪瑙（個人蔵）

1 瑪瑙もしくはガラスを模したと思われる
赤いプラスチックビーズが使われた首飾り（個人蔵）
2 中央に瑪瑙を模したと思われる黒褐色に
白縞模様のガラスビーズが使われた首飾り（H0100438）
左右には銀製籠状のビーズのほか、
多面体の真鍮製ビーズが多く用いられている

装身具の材――サンゴ、琥珀

縄田浩志

「ベドウィン・ジュエリー」において、装飾にあてられる素材の色としては、トルコ石の緑色や青色、サンゴもしくは瑪瑙の赤色、琥珀と金箔の黄色が好まれていた(102頁「女性用装身具のセットと「ベドウィン・ジュエリー」」参照)。そのうち、サンゴと琥珀は生物起源の有機質の素材であり、無機質の鉱石とは違って比較的軟らかく加工しやすいがもろい。加工されてビーズとして用いられる場合もあれば、銀製品に埋め込まれる場合もあった。

材料となるサンゴは、一般的に宝石サンゴに分類される種で、花虫綱八放サンゴ亜綱ヤギ目サンゴ科に属する生物種の内骨格である。[1]「ベドウィン・ジュエリー」では、化石サンゴと判断されるものもある一方、紅海産のものがほとんどとされることもあるが、[2]地中海産のベニサンゴも多いと考えられる。[3]細いサンゴを加工したビーズが「アラビアのビーズ」と名づけられることもあるのは、交易ルート上にあったことからと推測されている。[2]

ベニサンゴの枝は、ある程度太くて真っすぐな部分は限られており、細くて曲がっている部分が多いため、ベニサンゴからつくられるビーズは、直径数ミリの小さいものが多い。そのベニサンゴ(もしくはその模造品)のビーズを連ねたものを複数、多連にして銀製ビーズで留めることを繰り返す首飾りがイエメンではよく見られる。[2]ワーディ・ファーティマ地域の人びとが使っていた装身具のなかに赤いビーズを用いているものがあるが、それらはベニサンゴもしくは瑪瑙を材料として発達してきた首飾りのデザインと考えることが可能である。

他方、琥珀は、樹脂が地層のなかに堆積し、数百万年、数千万年の間に化石化したものである。先史時代からさまざまな装身具に使われてきたことが世界各地から報告されている。中東ではレバノンからヨルダンにかけて産出されるが、バルト海沖で海岸の層から洗い流されて海辺に流れつくバルティック琥珀(バルチック・アンバー)は、バルト海沿岸から地中海沿岸を結ぶ「琥珀の道」を通じて、紀元前2千年紀から交易されてきた。[4]琥珀には黄色、橙色、褐色、赤色、白色があり、透明なものも不透明なものもある。琥珀には天然品と処理品があり、加熱や加圧加工、粉体成形処理に個体整形処理等が知られている。またガラスやプラスチックの模造品もある。[5]

長径が数センチ以上はある大粒の琥珀(もしくはその処理品や模造品)製のビーズと銀製の球状のビーズを組み合わせたデザインは「ベドウィン・ジュエリー」としてよく知られており、[2]首飾りの中央に護符の銀製ペンダントが付く場合もある(102頁「女性用装身具のセットと「ベドウィン・ジュエリー」」参照)。ただしワーディ・ファーティマ地域の人びとの間では、琥珀もしくはその処理品や模造品を材料とする首飾り等の装飾品は確認できなかった。

琥珀製のビーズは、ムスリムのお祈りに使われる数珠(じゅず)の素材としても高い価値を置かれている。[6] ２０１７年夏にジッダ（ジェッダ）において聞き取り調査を実施したところ、琥珀と黒サンゴ（宝飾品・装飾品・数珠等に用いられるツノサンゴ目に属している生物種）のビーズが、数珠の最高級の原料であることが確認された。その理由は、擦るとすばらしい香りがするからと考えられる。[7] ただし、黒サンゴを首飾りの材料とすることは確認できなかった。

このように、地中海に面したヨーロッパから紅海を経てインド洋そしてアジアへ至る広域の交易ネットワーク上に位置するアラビア半島では、さまざまな交易品のなかから厳選された素材を「ベドウィン・ジュエリー」に用いてきた。

ただし琥珀やサンゴは、とても高価であったため、その代替となる素材があてられることも多かった。たとえば、琥珀であれば粉体成形処理されたリコンストラクテッド・アンバーと呼ばれるものはぐっと値段が安価になるし、ヘンナ（ミソハギ科の植物の茎や葉を干して粉状にしてつくった染料）で染めて似たような色合いを出したラクダの骨が代替品とされる場合もあり、プラスチック製も多い。ベニサンゴも、ガラスやプラスチックが代用されることが多々ある。

上：多連のベニサンゴ、琥珀、銀製ペンダントを組み合わせた「ベドウィン・ジュエリー」
撮影：縄田浩志、2019年11月、マレケシュ博物館、モロッコ
下：多連のベニサンゴと銀製の球状のビーズを組み合わせた「ベドウィン・ジュエリー」
撮影：縄田浩志、2019年11月、マレケシュ博物館、モロッコ

琥珀（もしくはその処理品や模造品）のビーズを用いたアッリヤード（リヤド）で収集された首飾り（個人蔵）

注　〈1〉岩崎 2008　〈2〉Ross 1994a　〈3〉家島 2006　〈4〉ロス 2004　〈5〉飯田 2015　〈6〉Hopp 2009　〈7〉縄田・クーラ 2015

女性だけが身に着ける金、コイン、貝

縄田浩志／遠藤仁

沙漠や乾燥環境に特有の不安定さに対処するための社会的な戦略を、衣服・装身具といった服飾品にまつわる決まりごとから読み取ることができる。ベドウィンの女性が身に着ける服飾品については、芸術的な価値や歴史的・文化的意味に留まらず、危機的な状況に遭遇した時に市場で現金化して当座をしのぐための家族の財産とするといった社会的意義があったと考えられる。〈1〉

その代表格は、安定性が高い貴金属としての金である。ワーディ・ファーティマ地域においては、女性用の重ね着の衣服の一番内側でブラウス兼ブラジャーの肌着スダイリーヤ（シディリーヤ）／スダイリーヤに金が用いられていた。中央にあるカフスボタンにはしばしば金が用いられ、装飾用兼財産保護の役割を持ち合わせていた。金は同時に、女性の前歯に埋め込まれることもあったという。〈2〉金という財をもつものは、女性に限定されていることが注目される。

女性用飾面ブルグア／ブルクアに特徴的な鼻筋の部分につけられるコイン（96頁「飾面のデザインと飾り」参照）は、グルーシュ／クルーシュと呼ばれる場合もあるが、まさしく「お金、財」の意味である。同時に、首飾りや頭飾りにもコインが用いられることがある。コインはサウジアラビアだけではなく、イエメンやヨーロッパのものも用いられていた。たとえば、116頁上段の写真の首飾りには、1965年頃まで、ロンドン、パリ、ローマ、ベニス、ブリュッセル、ムンバイ（英領インド）等各地で発行され続けたハプスブルク帝国の銀貨が使われている。

これらのコインは、実際に使われたコインに新たに輪の部分をろう付けしたものであるが、中には実際に使われたコインをもはや用いることなく、輪の部分も含めてあらかじめ一体で、最初から装飾用として加工された銀製のコインもどきも確認される。歴史をたどっていくと、おそらくは、金や銀といった素材そのものに価値があるコインを着飾ることで、財を持つ女性を表象するという役割があったと考えられる。

現在では、市場には華やかな金製の首飾り、腕輪、指輪が並び、多くの女性に好まれるようになった。一方、銀製が主体の「ベドウィン・ジュエリー」は重たいこともあり、あまり好まれなくなってしまったといわれる。〈3〉

飾面や首飾りをよくみてみると（86頁「刺繍とアップリケ」の写真、96頁「飾面のデザインと飾り」の飾面参照）、タカラガイが使われていることがわかる。タカラガイは紅海産と考えられ、周辺地域さらには全世界において流通する財として長い間高い価値がおかれてきた素材である。

このように、金、コイン、貝といった素材を、女性だけが身に着ける理由には、家族や一族の財を、もち、管理し、表象するという意味があったと考えられる。

ジッダの金細工店　撮影：郡司みさお、2005年、アッリヤード

財としての金

一番小さいナジュマが、前歯の金をのぞかせてにっと笑う。虫歯を治療したのではない。お金ができると、財産保存に、金を前歯に入れるのである。子どもに入れてやるのは稀だが、大人の女たちは、三つも四つもきらめかしていることがある。「あなたは、どうして奥の方にかくしてるの。堂々と前に見せたらいいのに」と問われたこともあった。（『アラビア・ノート』、41—42頁より）

装飾にコインが使われた飾面（MOKO財団蔵）

注　〈1〉縄田ほか 2014a　〈2〉片倉 1979　〈3〉黒田 2003　〈4〉Ross 1994a

夫婦は別財産制――女性の財産は女性のもの

結婚しても、夫の姓を名のるわけでもなく、自分の財産は自分のものである。夫婦は別財産制であるのが当たり前とされている。女たちは、金の腕輪や金歯などの財産のほか、ヒツジ、ヤギにいたるまで、所有権をもっている。町に出た女は、最近つくられはじめた女性だけのための銀行にお金を預けたり、借金をしたりもする。（『荒野に生きる女たち』、21頁より）

ハプスブルク帝国のマリア・テレジア銀貨が用いられた首飾り（個人蔵）

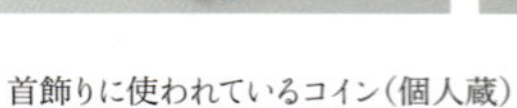
首飾りに使われているコイン（個人蔵）

西暦1780年銘のマリア・テレジア銀貨

西暦1964年銘のSOUTH ARABIA（南イエメン）の25 フィル コイン

ヒジュラ暦1392（西暦1972）年銘のサウジアラビアの50 ハララ コイン

ヒジュラ暦1376（西暦1957）年銘のサウジアラビアの2リアル コイン

ロバに乗って水くみに向かう少年
撮影：片倉もとこ、1968〜70年、ワーディ・ファーティマ、KM_2562

［IV］

暮らす

生存ともてなしの知恵

半世紀の間に生活世界はどのように変わってきたのだろうか？
それとも変わらなかったのだろうか？
水くみ、生活用具、オアシス農業、ナツメヤシ利用等に、
生存ともてなしの知恵をみる。

水くみの道具にみる半世紀の変化

縄田浩志／遠藤仁

乾燥地に適応してきた人間の歴史において、長距離の移動には家畜の皮製の水ぶくろ、定住地では土製の水がめが長く一般的であった。どちらにも共通して優れている機能としては、気化熱の作用で熱を奪うことにより、水を冷たくできることにあった。〈1〉いわば天然の冷却装置とも呼べるものであったが、素材が皮や土でなくなり金属やプラスチック製になると、重さは軽くなるとはいえ、もはや気化熱効果を期待することはできなくなる。〈2〉

ワーディ・ファーティマ地域においては、1960年代には生活用水は井戸で調達していたが、配水車と水道の普及にともない、井戸は使われなくなった。当時、井戸の水くみには、皮製のバケツとロープが使われていたが、バケツの素材は自動車の車輪のゴムチューブ製へ変化した。そして、井戸への水くみで女性が頭にのせて運ぶ容器は、1960年代にはブリキ製の一斗缶へ、1970年代にはプラスチック製のウォータージャグへと変わり、水道網の整備にともなって金属製の蛇口へと変化した。しかし、今でも土製の水がめはワーディ・ファーティマ地域でもジッダ（ジェッダ）でも使われている。電気を使わずとも、暑い乾燥地において水を冷たくする知恵は生き続けているといえる。

写真に記録された水がめ
撮影：片倉もとこ、1969-70年、ワーディ・ファーティマ、KM_0346

年配の女性たちに半世紀の大きな変化について聞くと、井戸へ水くみに行かなくてよくなったことをあげる（34頁「50年で一番変わったことは？」参照）。女性にとって、毎日の重労働であった水くみの必要がなくなったのは、負担が大幅に軽減され、生活に与えた影響は大きかったのである。

水くみの道具

女の部屋側の外には、ギルバとよばれるヤギやヒツジの皮でつくられた水袋が置かれている。皮の表面から気化熱を蒸発させてなかの水を冷やすため、草や木枝でつくられたシェルターのところにギルバが置かれている。ムラッバアでの定着がすすむと、ギルバは、先にのべたようなラングでつくられた素焼きのつぼになるが、気化熱の蒸発を利用して冷たい水をつくるのは同じである。この水入れの近くには、たいてい、井戸から水をくむ時に使う皮のバケツとロープ（ダッル）がころがっている。近年は皮のバケツの代わりに自動車の車輪のチューブゴムでつくられたバケツもおおくみかける。（『沙漠に生きるベドウィンのテント』119頁より）

注 〈1〉縄田 2014 〈2〉縄田ほか 2014a

左上：ヤギやヒツジの皮製の水袋ギルバ　撮影：片倉もとこ、不明、不明、KM_0653
右上：ブリキ缶タナカで水を運ぶ女性　撮影：片倉もとこ、不明、ワーディ・ファーティマ、KM_5559
左下：皮製のバケツで井戸水をくみ上げる男性　撮影：片倉もとこ、不明、ダフ・ザイニー村、KM_6658
右下：水道が整備され蛇口から水が出るようになる　撮影：片倉もとこ、2003年、ダフ・ザイニー村、KM_14821

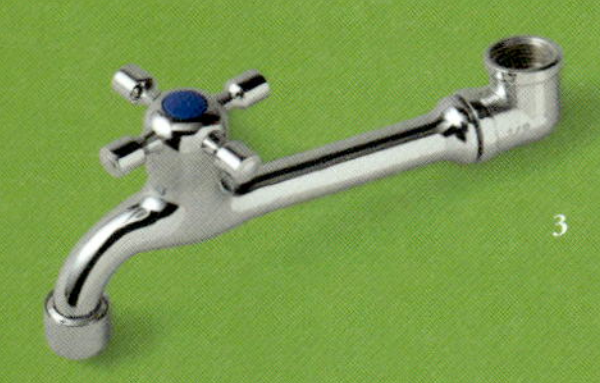

社会開発センターに保管展示されている水がめとその実測図
作図：遠藤仁、ワーディ・ファーティマ社会開発センター蔵

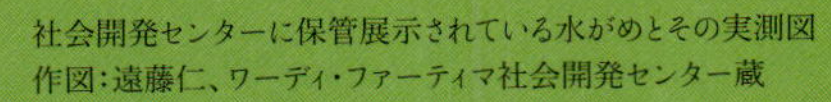

1　一斗缶（ブリキ製18L缶）（MOKO財団蔵）
2　プラスチック製ウォータージャグ（MOKO財団蔵）
3　蛇口（MOKO財団蔵）

アラビア・コーヒーを淹れる

縄田浩志

アフリカ大陸に複数存在する野生種コーヒーノキが栽培化されて、現在もっとも広く利用されているコーヒーのアラビカ種（アラビカコーヒーノキ *Coffea arabica*）が発祥した地は、エチオピア西南部地域とみてほぼ間違いない。そして、いつの時代にか紅海を超えてアラビア半島のイエメンに導入され、世界へ伝播される二次的中心地となった。[1]

沙漠・乾燥地である北アフリカ、西アジアの諸地域と比較しながら、食品保存と運搬性に焦点をあてて、移動・適応戦略を考える際に、コーヒー文化は恰好の素材を提供してくれる。[2] コーヒー栽培化の起源地に隣接し、初期の伝播・拡散にも一定の役割を果たしたスーダンの沙漠において、ラクダ等で長距離移動するときには、コーヒーをつくるためのセットが必ず持参される。暑い乾燥地では水をそのままを飲むよりも、コーヒー豆を焙煎し粉砕した粉を直に煮出して香辛料入りで飲むほうが、水分を効率的に摂取できると考えられる。原料のコーヒー豆・香辛料は保存がきき、道具もいたって軽量で、持ち運ぶ水の量も少なくて済む。団らんしながら、煎り、砕き、煮出し、注ぎ、飲むという一連の行為は、灼熱の沙漠にあって旅の疲れをとりながら、効果的に水分を摂取しつつ、優雅なひとときを楽しむ伝統文化といえる。[3]

サウジアラビアにおいても、コーヒーを淹れるには、まず生豆を煎るところから始まる。

火をおこし、生豆を煎り、豆を砕き、湯を沸かす。コーヒーを飲むまでには、多くの道具と時間が必要となる。コーヒー豆の焙煎の度合は、エチオピアやスーダンでは深めで茶色もしくは黒味がかった色をしているのに対して、アラビア半島では浅めで、緑もしくは黄色みがかった小麦色をしている。焙煎度としてはもっとも低い、いわゆる「ライト・ロースト（極浅炒り）[4]」にあたり、俗に「アラビア・コーヒー」と呼ばれている。

1 やかん（H0278981）
2 やかん台（H0278992）
3 ティーポット（個人蔵）

左：コーヒー豆をつぶす男性たち　撮影：片倉もとこ、1974-88年、サウジアラビア、KM_5338
右：コーヒー豆をつぶす少女（右）とコーヒーポットをもった少女（左）　撮影：片倉もとこ、不明、ワーディ・ファーティマ、KM_5577

コーヒーのつくり方

彼らは、夜が明ける少し前に起き出す。朝の祈りをすませると、まずなされるのが、コーヒーを淹れることである。これは男の役目である。純粋のアラビアコーヒー豆を香ばしく煎ることから始める。煎り終わると少しさましてから、真鍮製のお寺の鐘をさかさまにしたような形の小さなハワンドをしっかりとひざの間にはさんで、その中にコーヒー豆を入れ、すりこぎ状のものでとんとんと豆をくだく。アラビアコーヒー専用の美しい形をしたコーヒーポット、ダッラに湯を沸騰させておき、その中にくだいた豆を入れて攪拌し、再び火にかける。煮たってきたら、ハイルとよばれる強い香料の実（ショウズク、カーディモン）を加え火からおろす。コーヒーには砂糖を全く入れない。ブシュール族の人たちなどはしょうがを入れることもある。コーヒー豆をつぶすのどかな音と新鮮なコーヒーの香りは、沙漠の朝の美しいメロディを奏でる。（『アラビア・ノート』、54—56頁より）

4　火ばさみ（H0278991）
5　コーヒー豆を煎るための浅い鍋（煎りパン）（H0278988）
6　コーヒー豆を煎るための棒（H0278989）
7　ふいご（H0278985）　8　コーヒー豆をくだくための鉢と棒（H0278993）
9　コーヒー豆用じょうご（H0278994）

注　〈1〉福井 1981；ハトックス 1993；ユーカーズ 1995　〈2〉縄田 2018　〈3〉縄田 2014　〈4〉中村ほか 1995

アラビア・コーヒーや紅茶を飲む

縄田浩志

アラビア半島と紅海対岸のエチオピア、スーダン、エジプト等とコーヒー文化を比較してみると、いくつかの大きな差異を見出すことができる。[1]

まず物質文化としては、ポットやカップの材質・大きさ・器形が異なっている。コーヒーポットは、エチオピアでは水を注ぎ入れる長首部とは別に、コーヒーを注ぎ出す管状の注口部がある。また、エチオピアとスーダンでは材質は素焼きの土製もしくは釉をかけた陶製である一方、アラビア半島では、真鍮または銅製で蓋付きのものが一般的で、ダッラと呼ばれている。近年はプラスチック製のものも増えている。

これらの地域ではカップは共通して（エジプト都市部等で一般的なトルコ・コーヒーは別にして）、把手がなくお猪口と同程度の大きさの磁器の小碗があてられているが、サウジアラビアでは土器・陶器のカップも用いられていた（132頁「土器、陶器、磁器、木器」参照）。カップに入れる量、砂糖の有無、焙煎の度合が、それぞれ違う。エチオピアやスーダンでは砂糖を入れて、カップになみなみと注ぐことが一般的であるが、アラビア半島では砂糖を入れることは一般的ではないし、またカップにもなみなみとは注がない。

コーヒー豆を煮出す際には、好みに応じて香辛料のいくつかを同じく粉状にして加えることは共通している。アラビア半島の場合は、サフラン、クローブ、カルダモン、乾燥ジンジャー等がある。

不思議なことは、どの地域も歴史的に牧畜への依存度は高く、乳製品が一般的であるにもかかわらず、ミルクを入れることはなく、共通してコーヒーの飲用と結合していない。スーダンとエジプトの牧民たちからは、同じ食事で両方を一緒にたしなむことは好まず、必ずある程度の時間をあけると聞いた。ナツメヤシの果実デーツは移動する牧民にとって、もっとも保存と運搬に優れて栄養価の高い食べものであるが、スーダンやエジプトでは放牧中等ミルクとともに食べられることが多いのに対して、アラビア半島ではコーヒーのお供として食べられる場合がほとんどである。

一方、他の飲み物と順番もしくは一緒に飲む場合には、その組み合わせや順序がかなり違う。西アジアでは、コーヒーの方が最初に一般的な飲み物となり、それ以降に茶が民衆の飲み物として普及したと推定されているが、[2]もてなしの際には、スーダンでは必ず、まず最初に水（炭酸飲料、果物ジュースの場合もある）、コーヒーもしくはお茶の順であるのに対して、アラビア半島では、まず最初にコーヒー（果物ジュース、炭酸飲料がコーヒーの後に続くときもある）、そして、水、お茶の順である。さらにスーダンでは、客への最上級のもてなしとして、乳香（にゅうこう）等の香をいっしょに焚くこともあり、茶屋等ではスイカやヒマワリの種等の乾きものもしくはポップコーン等が出されることもあるが、アラビア半島では上述のように何といってもデーツが好まれ、同じく香が焚かれることも多い。

紅茶は、茶葉をやかんに入れ煮詰めて、カップに注いだ後に、ハッカ等のハーブや砂糖を加えて一緒に飲む。コーヒーのカップは、土器・陶器・磁器と透明性がなく中が見えない素材であるのに対して、お茶のカップはガラス製のため透明性がたかくなかがみえるようになっており、把手がない場合と把手がついている場合がある。最近のサウジアラビアでは、食後に緑茶を飲むのを好む人もいる。

別に客がなくても、遊牧民たちは互いにテントに招待し合って紅茶やコーヒーを飲むのが日課になっている。飲みながら、彼らは家族や家畜のこと、町に出て定着した仲間のことなど互いの知識や情報を交換する。経験豊かな老人が若者を教育する場でもある。（「アラブのもてなし」、100頁より）

上：食事とともに紅茶を飲む男性
撮影：片倉もとこ、1968-70年、
ワーディ・ファーティマ、KM_3281
下：片倉もとこの直筆スケッチ
出典：片倉 1995、7頁

1 褐色のアラビア・コーヒー　撮影：渡邊三津子、2018年5月、アルジュムーム
2 コーヒーカップ（個人蔵）

注 〈1〉縄田 2014 〈2〉石毛 1981

ナツメヤシを育てる——オアシスの農業

石山俊／縄田浩志

ナツメヤシ(*Phoenix dactylifera*)は、西アジアから北アフリカにかけての熱帯・亜熱帯に分布するヤシ科の植物で、乾燥と高温に強い性質を持っている。そのため、十分な水を手に入れることが難しいオアシス等で盛んに栽培されてきた。紀元前5000年から少なくとも3000年までの間に確実に、アラビア半島においてナツメヤシの栽培が始まった。そして紀元前1500年までには、オリエント世界とりわけ古代メソポタミアが栄えたティグリス・ユーフラテス河岸地域と、古代エジプト文明が栄えたナイル河岸地域において、栄養繁殖と人工授粉を基本的な技術とするナツメヤシ栽培、そして庭園・果樹園においてナツメヤシを中心とした樹木が形づくる木陰・防風・防砂・保湿といった微環境のもとに、他の作物栽培が成り立つ生産システムが始まった。その後、カナート(地下式灌漑水路)といった水利用技術の進歩・伝播と相まって、天然の水条件に恵まれた河岸地域から、人為で水を得なければならない沙漠地域へと分布・利用が拡大しつつ、穀類・蔬菜・果樹栽培がセットになった農業生産システムが確立されたと考えられる。〈1〉

1970年前後のワーディ・ファーティマ地域では、地下水をくみ上げて、都市化が進むマッカ(メッカ)やジッダ(ジェッダ)に供給した結果、地下水位が低下し、ナツメヤシが枯れていくという現象がおこった。村人はもはや役に立たないと判断すると、それ以上無駄に水を吸わせまいとして、ナツメヤシを燃やして息絶えさせた。〈2〉そのため現在では、ワーディ・ファーティマのブシュール村、ダフ・ザイニー村周辺では全体として、1960〜70年代に比べてナツメヤシが少なくなっている。

このようななか、ダフ・ザイニー村の出身であり町の商人でもあったアフマド・ザイニーがつくった、ザイニー農場では40年ほど前から現在までナツメヤシの栽培を続けている。そこで栽培した果実(デーツ)は、商品として売るのではなく喜捨(サダカ)にあてられるのだという。現在、ザイニー農場では、パキスタンやエジプト、スーダン等からの出稼ぎの労働者を雇用しているが、栄養繁殖のためにナツメヤシのひこばえを切り離して移植する等の農作業も、その外国人労働者が担っている。

オアシス灌漑農業に使用される農具は、天水農業においても一般に使われるものと同一で、特別なものはない。除草、耕起、刈り取り等のために鎌や手鍬が用いられる。ただし、灌漑農業において重要な、水路の保守・管理のために手鍬が使用されることは、オアシス灌漑農業において特徴的なことであり、ナツメヤシのひこばえの切り離し・移植作業にも用いられる。なお、農作業に従事するのは主に男性である。

注　〈1〉縄田 2013　〈2〉片倉 1974

左上：手鍬をもち農作業する外国人労働者　撮影：片倉もとこ、1968-70年、ワーディ・ファーティマ、KM_2553
左下：ひこばえの切り離し作業をする外国人労働者　撮影：渡邊三津子、2019年1月、ダフ・ザイニー村
右上：ナツメヤシと灌漑農地　撮影：片倉もとこ、不明、ワーディ・ファーティマ、KM_0563
右下：市場で売られるナツメヤシの果実　撮影：縄田浩志、2003年12月、アッリヤード

1 鎌（H0279003）　2 手鍬（H0279004）　3 手鍬（H0279005）　4 かばん（H0279000）

ナツメヤシからつくる——多様な利用法

縄田浩志／石山俊

ナツメヤシの果実であるデーツは、オアシスの人びとに貴重な甘味を提供する。デーツの成分は、ホウレンソウやバナナ等と比較してミネラルが多く含まれ、なかでも鉄分、カリウム、マグネシウム、食物繊維が豊富である。乾燥デーツをそのまま食べるだけでなく、菓子や料理の調味料ともなる。また、広くアラビア半島全域の人びとは歓待の文化を誇りとするが、客人をもてなすときにまず供するものが、アラビア・コーヒーとデーツである。最近は、デーツそのままが量り売りされるばかりでなく、多様な包装や詰め合わせ方によって、高い付加価値をともなって商品化されるようになってきている。日本においては、お好み焼き用ソースの原料としても使われている[1]。

また、幹は建材に、葉柄は建材、小舟用の材料に、葉はうちわ、円形マット状の敷物（「お膳」のように利用される）、鍋しき、三角錐形のカバー（「蠅帳」として利用される）、かご（持ち手があるものとないものがあり、持ち手にもいろいろタイプがある）、皿に、そして樹幹部や幹にある繊維は紐の材料、コーヒーポットの注ぎ口先端に入れる詰め物（「茶こし」としての利用）とさまざまな生活用具をつくるために用いられる。ナツメヤシの各部はそれぞれの特徴を最大限に活かす形で利用され、地域の伝統的な物質生活を支え、またそこから生み出される在来知識の重要な部分を構成してきたのである[2]。

ワーディ・ファーティマ地域でも、このような生活用具の日用品がナツメヤシを利用してつくられており、うちわや敷物の製作は主に女性が担ってきた。ナツメヤシの若くて柔らかい葉・葉柄を水にさらしてより柔らかくしたものを用いて、編んでいく。たとえば、円形マット状の敷物は、最初に帯状に編んだものを、円形につなげてつくっていく。

しかしナツメヤシが減少したこともあり、次第にナツメヤシ製の小屋（ウシャ／イッシャ）は少なくなり、生活用品もつくられなくなった。また、敷物もプラスチック製におきかわり、ナツメヤシを用いた手作業の生活用具づくりができる女性はほとんどいなくなってしまったのである。

ナツメヤシ製のかご（MOKO財団蔵）

注　〈1〉鷹木 2013、石山 2013　〈2〉鷹木 2013

1 ナツメヤシ製のかご(H0278973)
2 ナツメヤシ製の蠅帳(蠅入らず)(H0278974)
3 ナツメヤシ製のうちわ(MOKO財団蔵)
4 ナツメヤシ製の丸いござ(お膳)(MOKO財団蔵)
5 ナツメヤシ製のなべしき(H0278975)

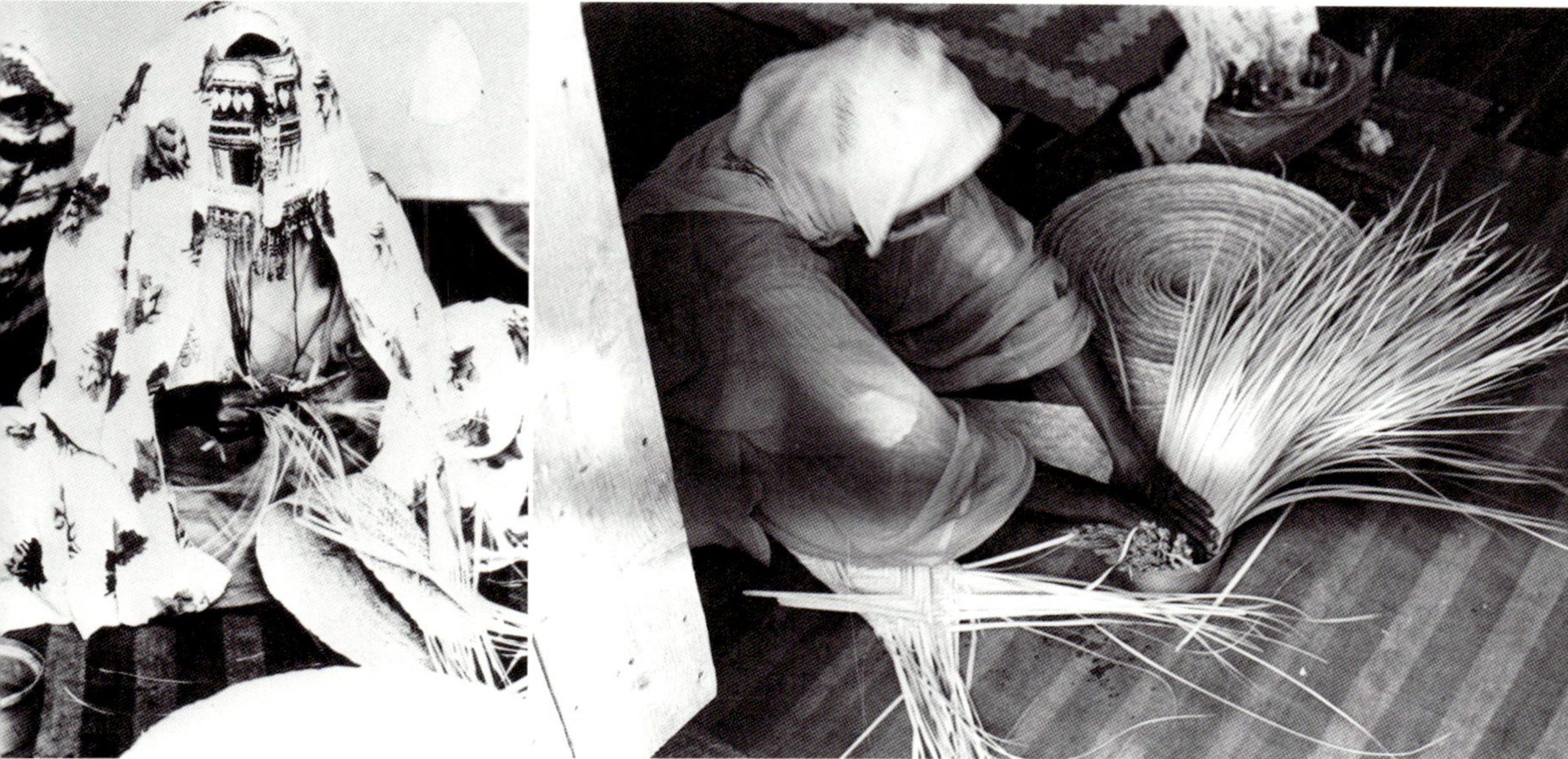

ナツメヤシの葉を編み、さまざまな生活用具の日用品をつくる　撮影:片倉もとこ、1968-70年、ダフ・ザイニー村、KM_0443(左)、KM_2394(右)

オイルランタン——変わる燃料・光源

現在、サウジアラビアは原油や天然ガスの世界有数の産出国である（18頁「サウジアラビア」参照）。ワーディ・ファーティマにおいては、少なくとも1970年代までは、薪材や家畜糞等が主な燃料や光源であった。その後、徐々にオイルランタン（ホワイトガソリンを燃料とする携行用の照明器具で、ケロシンランプ（キロシンランプ）、灯油ランプともいわれる）が村にも普及し始めたことが片倉の著作に散見される。それも1990年代にもなると使われなくなり、自家発電の電気に置き換わっていった。現在ではオイルランタンは骨董品となってしまったが、実物を確認したところ、外国製で主に中国製であった。携帯性に優れているため、遊動のテント生活を営む人びとにも重宝され、非常に便利な文明の利器として一世を風靡し、生活や労働条件を向上させる一助にもなったことがうかがい知れる。

遠藤仁／縄田浩志

中国製オイルランタン
（H0278983）

家畜糞や薪が燃料に
（1970年代の活写）

パンを焼くときに使うのは、動物の糞である。毎日、糞を集めに行っては、それをまるめてほして、燃料とする。燃料には、このほか、たき木も使われるが、煙の出のすくない最良のたき木とされている灌木アフーを、荒野の奥にさがしまわる。一メートルくらいのこの木は、かさかさに乾いて、その根は荒野の岩と岩のあいだに、水をもとめて、地下水系のほうに深くがっちりとのびている。（『沙漠へ、のびやかに』16頁より）

1980年代の写真に見えるオイルランタンとラジオ　撮影：不明、1970年8月、ダフ・ザイニー村、KM_0083

オイルランタンから電力へ

（１９９０年代の活写）

寝袋から顔をだし星たちと交信したころの、適当なかたさをあたえてくれた砂のベッドは、あのころのように美しくはなくなってしまった。夜空の星もあのころのように、きらきらしなくなった。キロシンランプのかわりに使われだした自家発電の電気や、街の灯の必要以上のあかるさにかき消される星もでてきた。（『アラビア・ノート』２９７頁より）

B

A

A：中国製オイルランタン
（ワーディ・ファーティマ社会開発センター蔵）
B：アメリカ製トランジスタラジオ
（ワーディ・ファーティマ社会開発センター蔵）

ラジオ、電話、アイロン――現代文明の恩恵

遠藤仁

1960～70年代は、大型の真空管ラジオから小型化に成功したトランジスタラジオへの転換期にあたり[1]、その最新式のラジオも沙漠の村へと持ち込まれた。また、サウジアラビアでは1980年代に急速に電話機が普及し[2]、ラジオと併せて人びとの遠方との通信手段は一変していくことになる。当時用いられていたのは、外国製の回転ダイヤル式電話機であった。現在では、携帯電話は人びとの欠かせない道具のひとつとなっており、私たちが調査中に出会った農地で作業をしていた80代の男性も、携帯電話を使いこなし、質問があればＳＮＳを使って連絡をしてくれると言ってくるほどであった。

そのほかにも、半世紀前はすでに最先端ではなかったが、定住生活への移行とともに普及したもののひとつにアイロンがある。これは現在主流の電気式ではなく、炭火アイロンといわれるもので、鉄箱のなかに着火した木炭を入れて使用し、日本でも第二次世界大戦後頃までは普通に用いられていた。定住生活にともない、被服習慣等も徐々に変化することにより、衣服にアイロンをかけることも習慣化していったと思われる。

沙漠の奥まで到達した近代化の波

近代化の波が砂漠の奥まで流れ込み、トランジスターラジオや自家用車などを買うため、遊牧民たちも現金収入への欲望にふりまわされるようになると、男たちは町へ出稼ぎにいき、町では仕事にありつけない子供たち、老人たち、女たちは、町の近郊でさんちゃん遊牧をするといった現象も見られる。（「遊牧の女性―アラビアの砂漠に生きる人たち」、218頁より）

炭火アイロンを使う人びと（1970年代の活写）

炭火を背中にのせた火のしを上手に使いこなして、ガージーの真白なアラビア服に、ぴしっとアイロンをかけている。町のクリーニング屋顔まけの見事な仕事ぶり。電気アイロンを使いなれてしまった私には、何回やっても、どうもうまくいかないしろものだ。石油埋蔵量、世界一のサウディ・アラビアに住みながら、依然として電気のない生活をしている人は多い。（『アラビア・ノート』、42頁より）

注　〈1〉Skrabec 2012　〈2〉Al-Gahtani 1990

ラジオや電話の普及とイスラーム型近代化

技術の発展などを拒否しているかというと、そうではなくて、ラジオ、テレビ、いろんなものがどんどん入っているのですね。カーテレフォンとか、ポケットベルなどの一番普及しているのは、中東なんです。（中略）「これみんな日本製だ。いいものを作ってくれた、これで私達離れていても、家族の声が聞えるようになった」といいます。お祈りの時間も、ラジオとか、テレビでいうようになったので、昔よりはお祈りがし易くなったともいいます。暖房、冷房の技術が進んで、断食がし易くなったというのですね。イスラーム圏では、イスラーム型の近代化といいますか、ある種のゆとろぎのある近代化が生まれています。（「中東から世界を見る」、33―34頁より）

1　アメリカ製トランジスタラジオ
（ワーディ・ファーティマ社会開発センター蔵）
2　韓国製回転ダイヤル式電話機
（ワーディ・ファーティマ社会開発センター蔵）
3　炭火アイロン
（ワーディ・ファーティマ社会開発センター蔵）

土器、陶器、磁器、木器――暮らしのうつわ

遠藤仁

現在のサウジアラビアには、あらゆる素材の輸入品のうつわがあふれているが、数十年前までは木製のうつわや素焼きの土器、陶器が現地でつくられていた。ただし、磁器の生産技術はなかったため、コーヒーを飲むための磁器の小碗(カップ)等は、中国からの輸入品に頼っていた。中国からの磁器の輸入は、12世紀にはすでに始まっていたと考えられ、14世紀にはマッカ(メッカ)で中国製の磁器が珍重されていた記録も残っている。〈1〉

コーヒーを飲むための磁器の小碗は、サウジアラビアのどの家庭にも必ず置いてある。この小碗はもともと、中国で酒器として生産されたもので、日本では「ぐいのみ」と呼ばれているが、少なくとも中世後半以降にはアラビア半島に輸入され、〈1〉コーヒーカップ等として用いられるようになったと考えられる。

素焼きの土器や陶器は、数十年前まではサウジアラビア各地で専門の職人によりロクロ引きで成形され、簡易な炉で焼成してつくられていたが、〈2〉経済発展による大量消費社会の波に押され、現在は職人はほとんどいなくなっているとのことであった(2018年12月サウジアラビアで開催された「国家遺産と大衆文化の祭典(通称ジャナドリーヤ文化祭典)」における聞き取り調査より)。現在売られている土器や陶器は、アッリヤード(リヤド)やジッダ(ジェッダ)の市場での聞き取り調査によれば、イエメンやパキスタンから輸入されたものが多い。

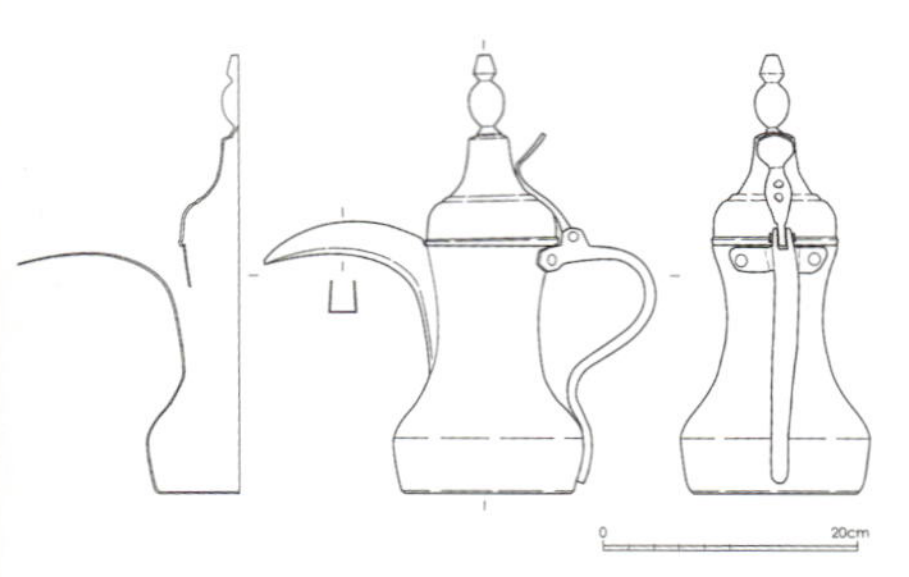

上：コーヒーポット(H0278987)
磁器製コーヒーカップ(H0147617)
下：コーヒーポット実測図(H0100229)

左:携帯用コーヒーカップ入れ(MOKO財団蔵)　右:陶器製コーヒーカップ(MOKO財団蔵)

左:ジッダの市場で売られていたパキスタン製土器とイエメン製陶器　A:陶器　B:土器　撮影:遠藤仁、2018年5月、ジッダ
右:磁器製コーヒーカップの実測図(裏面に「中国制造　MADE IN CHINA」の銘がある)　作図:遠藤仁(H0147617)

注　〈1〉三上 2000　〈2〉Dostal 1983

香りのある日常

竹田多麻子

サウジアラビアでは、香炉を使って香を焚く人びとの姿をよくみかける。香の歴史は古く、中近東一帯では古代から香が主に宗教儀式で使われてきた。神に捧げた香の煙が、神と人間との間を結ぶと考えたからである。[1] 古代南アラビア、シリア、パレスティナでは、直方体で4本の脚がついた石や土製の香炉が、紀元前1千年紀前半からつくられている。[2] イスラーム時代に入ると、香を焚く習慣が生活のなかに密接に関わるようになった。

半世紀以上前のサウジアラビアでは、香炉の形は各地域で異なり、土、木、石、金属、陶製等素材もさまざまだった。四方を銀板で覆われ、鋲や鏡で華やかに飾られた木製香炉は、サウジアラビアの特徴的な形である。現在の香炉にその形や装飾の名残を見ることができる。香料としては南アラビア産の乳香や没薬が有名であるが、沈香や伽羅のようなインド、東南アジア産の高価な香木、数種類の香を混ぜた練香のほうがよく使われる。

香を焚くときは、結婚、葬儀等の通過儀礼、イスラームの祝祭日、毎週金曜日の礼拝といった特別なときだけでなく、コーヒーを飲むとき、お客へのもてなし、衣服への焚きこみ等日常のさまざまな場面で香を用いる。[3] 香や香炉は人生に、そして生活においても欠かせないものとなっている。

2

1

1 エッグスタンド式の金属製香炉（H0126910）
卵型の上部が蓋となり、小さな孔が開いている。孔から出てくる煙で香りを楽しむ。

2 オルゴール付きの香炉（H0100486）
側面には、アラビア・コーヒーのポットとカップ、ナツメヤシが描かれている。
プラスチック製の花模様の香炉は、パキスタン製といわれる。

左上：ショッピングモールの香炉屋　撮影：竹田多麻子、2018年12月、アッリヤード
左下：火を点けた炭の上に、香木等を置くと煙が出てくるので、この煙を楽しむ　撮影：片倉もとこ、2003年、ダフ・ザイニー村、KM_14472
右上：香炉を手にもち、香りを衣服に焚きこめる女性　撮影：片倉もとこ、1983年、ダフ・ザイニー村、KM_1068
右下：コーヒーや食事とともに香りを楽しみ、くつろぐ　撮影：片倉もとこ、1983年、ダフ・ザイニー村、KM_5576

3　香炉（H0100489）
容器の側面には、イスラームの聖地マッカ（メッカ）とマディーナ（メディナ）の宗教建築物、台座にはサウジアラビアの国章であるナツメヤシと剣が表されている。

香りからめばえる恋

アラビアの人たちは、下着にも毎日きかえる衣服にも、寝具などにも、お香をたきこめます。居間、客間、寝室などにも香をくゆらせて楽しみます。健康にもいいという人もいます。（中略）特別な場合でなくとも、毎日の生活のなかで、洗濯をしたあとの下着や衣服にお香をたきこめます。衣服を贈りものにするときは、お香もいっしょにそえることが、ならわしになっています。この衣服にこのお香をどうぞというわけです。

女ばかりではありません。男も香をたきこめます。（中略）男女のつきあいは、オープンにはなされないのですが、すれちがいざまや、エレベーターにのこっていた香りから、恋がめばえることもあるといいます。

わたしたちのうちに招いた女人たちは、しきたりどおり、お香のあとは長居せず、いとまをこうて去りました。ひそやかな、品のよいのこり香が、しばしただよい、宴（うたげ）のおわりを告げていました。（『ゆとろぎ』68―69頁より）

注　〈1〉Groom 1981　〈2〉川床 2006　〈3〉Katakura 1977, 片倉 1979

もてなしのバラ水

竹田多麻子

バラの甘い香りがほのかに漂うバラ水は、中近東が原産地で、日本でも最近、食べ物や化粧品等に使われ親しまれている。このような花や葉などの植物から香りの成分を取り出すには、水蒸気蒸留という方法が用いられる。この技術は錬金術がもととなり、中世イスラーム時代に蒸留技術の改良を重ねたことで、花びらからバラ水の製造が可能になったとされる。[1] キンディーを始めとする9～13世紀の科学者や歴史家たちの著作のなかには、バラ水製造の記述がみられる。[1] バラ水は、中近東で使われるだけでなく、交易の商品として中国にも渡っている。『宋史』にはガラス瓶に詰められたバラ水が大食(アラビア)からもたらされたという記述がある。

バラ水の使用目的は、『千夜一夜物語』の記述からたどると、食後や客人の退出時の清めのため、また、気付け薬、飲食物や部屋、衣服への香りづけ等であったことが読み取れ、[2] 現在でもほぼ同じである。また、死者を墓場へ運ぶ前に全身にふりかけたり、[3] 年に2度行われるイスラームの聖地マッカ(メッカ)のカアバ(カーバ)神殿の清掃のためにザムザムの泉の水とともに使われたりもしている。[4]

バラ水の産地は、イラン、トルコ、モロッコ、ブルガリア等が知られているが、サウジアラビアではマッカ(メッカ)州のターイフでバラが栽培され、バラ水が製造されている。

玄関に、客をむかえいれるときに、ひとりひとりの客の頭の上に、マワルドとよばれる薔薇水をはらはらとふりかけるもてなしにはじめてあずかったのは、もう四〇年ほど前になります。メッカの近くにいた遊牧民のところでした。「あれれ、びしょびしょになるじゃないの」と一瞬、たじろぎましたが、かわいた沙漠のなかで、しっとりと薔薇の香りにつつまれるのは、なんともぜいたくなもてなしなのです。(中略)四〇年前にくらべると、なくなってきているようですが、沙漠の遊牧民たちのあいだでは、まだ健在です。薔薇水のかわりにオーデコロンをつかいだしたベドウィンも、このごろではふえてきました。町では、このもてなしはほとんどみられなくなりました。しかし、薔薇水そのものは、依然として店の店頭に山とならべられています。飲み水に、ポトンと一滴おとされたり、アラビアの凝ったお菓子づくりには欠かせません。あちこちで、あいかわらず珍重されているのをみます。このごろでは、日本でも、つかわれるようになってきています。(『ゆとろぎ――イスラームのゆたかな時間』62―63頁より)

1 バラ水用水差し(H0100418)　2 バラ水用水差し(H0100420)　3 バラ水用水差し(H0100417)
4 バラ水用水差し(H0100419)　5 バラ水用水差し(H0279010)

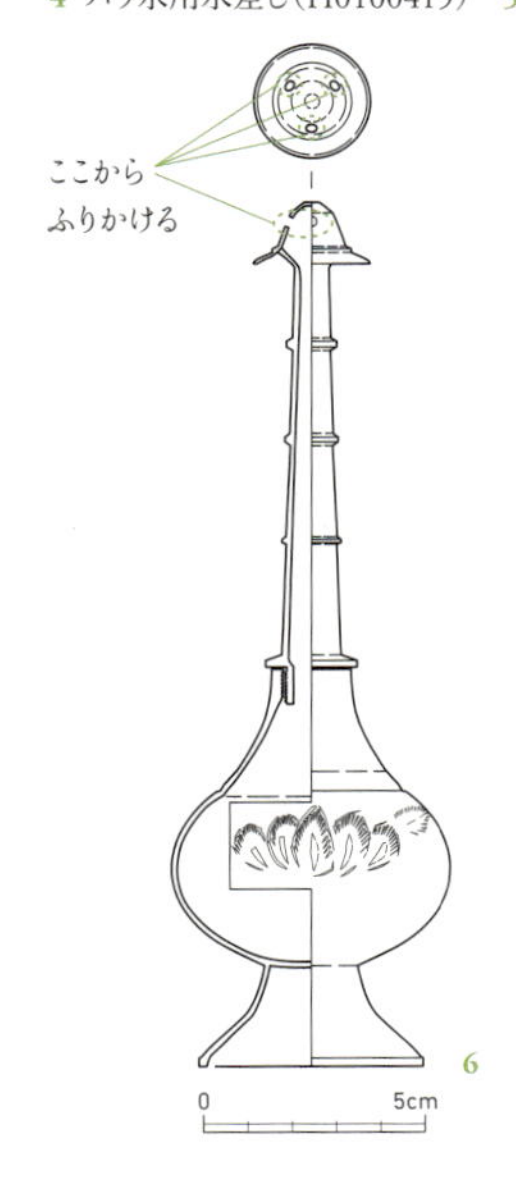

左：ターイフのバラ水屋　撮影：渡邊三津子、2018年5月、ターイフ
右：ガラス製バラ水用水差し　撮影：竹田多麻子、2019年1月、ワーディ・ファーティマ

6 **バラ水用水差しの実測図**　作図：遠藤仁(ワーディ・ファーティマ社会開発センター蔵)
この瓶は、バラ水を入れるためのものである。細長い頸(くび)と膨らんだ胴部という独特な形で、真鍮等の金属でつくられる。首の付け根あたりを回すと頸部(けいぶ)が外れ、壺のなかに液体が入れられる。先端には小孔があいており、使うときに瓶を傾ければ適量の液体が出てくるという構造である。サウジアラビアでは、客人を迎える際のもてなしとして、この瓶を使って最初に客の手や体にバラ水をふりかける。現在は、ガラス製のおしゃれな水差しも使われている。

注　〈1〉Al-Hassan & Hill 1987　〈2〉杉田 2002　〈3〉片倉 1979　〈4〉Grami 2013

現在の香屋

郡司みさお／竹田多麻子

サウジアラビアにおいて香り文化が浸透していることは今も昔も変わらず、ショッピングモールでも路面店でも、至る所で香木屋、香水屋をみかける。店内には、沈香や白檀等の香木、乳香、練り香、ガラス瓶に入ったさまざまな種類の香水が、びっしりと並んでいる。沈香や白檀の香りが人気であるが、今ではバラ、ジャスミン、ラベンダー、ヘンナ等天然の花や植物から抽出した香りや、ヨーロッパブランドの香水も人気を博しているようだ。香りを身にまとうのは女性だけでなく、男性も掌にのるぐらいの小さな香水瓶をもち歩き、良い香りを漂わせている。

現在の香屋のなかには、香木や乳香等伝統的な香料だけでなく、独自に新しい香りをつくりオリジナル商品として販売する店もある。まるでチョコレートムースのような甘い香りのする香料や、緑や黄色のパステルカラーに色付けされたものがあり、みた目も楽しめる。また、高価な東南アジア産の香木の代わりに、湾岸諸国産といわれる木片に香水を浸み込ませたものが、半額程度で売られている。

長い間親しまれた香りがある一方、今までにない香りもつくられ、サウジアラビアで新しい香り文化が出てくるかもしれない。

左：現代的な香屋　撮影：竹田多麻子、2018年12月、ジッダ　右：昔ながらの香屋　撮影：渡邊三津子、2019年1月、ジッダ

[V]

来し方、行く先
一人ひとりの個性

ワーディ・ファーティマの女性は1日をどのように過ごし、
人生の道筋をどのようにたどってきたのだろうか。
一人ひとりの生きた歴史から、生活の移り変わり、さらに日本とのつながりへ——
来し方を振り返り、行く先を考える。

手遊びをする少女たち
撮影：片倉もとこ、1983年、ダフ・ザイニー村、KM_5575

半世紀前の女性の一日

藤本悠子

ワーディ・ファーティマの女性の一日は、日没から始まったという。日没後にお祈りをし、軽い夕食をとると、母親たちは親族知人の家に集まる。星空を眺め、おしゃべりや即興詩、踊りを楽しみ、21時には夜会を終わらせ、最後のお祈りをして就寝する。日の出前のお祈り後にコーヒーをつくり、その音と香りで、寝ていた家族が起きだしてくる。子どもは井戸に水くみに行き、家畜に餌をやる。日が昇ると家族は中庭で朝食をとり、子どもは学校へ出かけ、母親は掃除、裁縫や内職にとりかかる。働き手の女性は、パンを焼く燃料用に乾燥した家畜糞やたき木を集めに行き、ひと仕事した後は即興で詩を吟じたりしてくつろぐ。

正午のお祈りをした後、家族全員で昼食をとる。その後、もっとも暑い時間帯は昼寝し、起きてお祈りをすると、子どもは遊ぶか家事の手伝いをする。

日没

今しも沙漠の地平線に沈みゆく深紅の太陽。生きとし生けるものを今日も制圧し続けた暴君。みんなほっとする。太陽の猛威を許してひっそり息をこらしていたものすべてが、動き出す。人間も羊も山羊もさそりも。沙漠全体がにわかに活気づいてくる。新しい一日が始まるのだ。アラビアの一日は、日没から始まる。（『アラビア・ノート』18頁より）

1

2

食器を片付ける女性
撮影：片倉もとこ、1983年、ダフ・ザイニー村、KM_1705

朝

静かな祈りは、人間にエネルギーを与えるのだろうか。祈りの終わったアハマドとマリアムはきびきびと仕事を始める。子どもたちを叩き起こして、家畜の世話をさせる。アーミナと私は、またいつものように水汲み。今日は、ガージーがロバを連れて汲みに行ってくれるから、一回ですみそうだ。アハマドは、コーヒーづくり。コーヒー豆を煎る香りが流れ、それを小さなすりこぎでとんとんとつぶすのどかな音が響く。アラビアの朝のメロディ。マリアムは、アラビア風ぺたんこパンを家畜のふんをかためた固形燃料でやく。いつものように、今日もお香をたき、砂庭のお踏のそばに置く。香りの好きな人たちだ。(『アラビア・ノート』36頁より)

昼

日没から始まった彼らの一日。昼ごはんは、一日最後の主な食事である。たっぷり食べて床につく。「昼寝」という軽い感覚ではない。一日の始まりにそなえて、ぐっすり眠るのである。マリアムたちと一緒に、私も食事の後始末をしていると、スウスウがにじりよって来て、「ねむい」と言う。小さいやわらかな感触に、日本に残してきた幼い娘と息子のことを思い出し、胸にきゅんと痛みが走る。おばあちゃんやおばちゃんをてこずらせていないかしら……。(『アラビア・ノート』48頁より)

庭の手入れをする女性
撮影:片倉もとこ、不明、ダフ・ザイニー村、KM_5010

1 鍋(H0278982) 2 菓子入れ(H0278977)
3 お玉杓子(H0278984) 4 まな板(H0278980)

ムスリマとしての暮らし

河田尚子

ムスリマは、イスラーム教徒（ムスリム）の女性形で、ワーディ・ファーティマに暮らす女性たちのほとんどはムスリマである。イスラームの教えは、六つの信仰箇条（神、天使、聖典、預言者、来世、天命）と、五つの実践（信仰告白、礼拝、断食、喜捨、巡礼）から成り立っている。片倉もとこの著作にお祈りの描写が何度も登場するのは、ワーディ・ファーティマの人びとの生活に、イスラームの教えが深く根ざしているためである。

神と向き合い感謝を捧げる一日5回のお祈りは、太陽の動きに沿って生活のなかに組み入れられ、一人ひとりが一日をリズミカルに過ごしている。お祈りは一回5〜10分前後で、病気や旅行中はまとめて祈ってもよい。場所の決まりはなく、女性たちはふだん家のなかや砂庭（中庭）で祈りを捧げる。また、「清潔であることは信仰の半分」とハディース（預言者ムハンマドの言行録）にあり、お祈りの前には必ず所定のやり方で体を清める。身辺を清潔に保つための家事にいそしむ女性たちの姿は、片倉もとこの写真のなかにたくさんとらえられている。

一年の生活は、断食と巡礼によってアクセントがつけられている。月の満ち欠けの周期にもとづいたヒジュラ暦（イスラーム暦）の第9月は、食べ物と、それを与えてくれた神への感謝をあらたにし、貧しい人びとの苦しみを知るために、夜明け前から日没まで飲食しない断食の生活を送る。結婚や争いごとも避けられるこの時期は、一家でお祝いし、お客様を迎え、人と和解する「神に祝福された月」として心待ちにされる。ただし、子どもやお年寄り、病気や旅行中の人、また月経中・妊娠中・出産直後の女性は断食をしなくてよいことになっている。断食明けは盛大なお祭りを行う。

ヒジュラ暦12月は巡礼月といわれ、ムスリムは一生に一度、心身健康で財力があれば聖地マッカ（メッカ）に巡礼することが義務とされる。マッカに近いワーディ・ファーティマでは、毎年巡礼する人が多い。半世紀前には、巡礼客への商売に出かける男性たちが多く出払うため、巡礼に出かけなかった女性たちは家畜の世話をするほか、日没後に晴れ着を着て踊ったり詩をうたったりして楽しんでいた。現在では、公務員や教師等の仕事につき、社会に進出している女性もおり、夜の集まり等はやらなくなっているという。

ナツメヤシ製のほうきで掃除をする女性　撮影：片倉もとこ、1974-88年、ワーディ・ファーティマ、KM_5328

きれいにすることは「信仰の半分」

マリアムは、なつめやしの枝で作ったほうきで、家の中と外を掃除しはじめている。砂の上に、ほうきのあとがくっきりと残ってすがすがしい。私も手伝う。アラブ人は、きれいにすることは、「信仰の半分」と言う。（『アラビア・ノート』40頁より）

ナツメヤシのほうき（H0278986）

結婚

河田尚子／藤本悠子

結婚は、ワーディ・ファーティマの女性たちにとっても人生の一大イベントであり、『アラビア・ノート』をはじめ、さまざまな著作にその様子が詳細に描き出されている。ここでは、結婚に関わる一連の流れを、片倉もとこの著作に沿って紹介する。

縁談を決める

> 縁談のとりすすめは本人たちの母親か姉たちの間で具体的にきめられていきます。彼女たちは当事者である娘や息子の気持をたしかめながら、ことをはこびます。よくイスラーム社会では女の人の意志は無視されて親のきめたとおり結婚させられる、などとききますが、わたしのしらべたところではそんなことはありませんでした。（「砂漠の結婚式」177頁より）

結婚契約式

本人たちの意思が確認され、二人の親族もこれを認めると、いよいよ結婚の準備が始まる。特にマハル（婚資）に関する取り決めが重要視される。マハルは、結婚するときにおくる前払いと離婚の場合におくる後払いの二つからなりたっており、金額からいえば後払いのほうが多い。もしも離婚したとしても、離婚後の女性たちの生活を支えることができるようになっている。マハルの金額等の細かい取り決めに合意すると、その内容を記した婚姻契約登録書が作成され、いよいよ結婚式（結婚契約式）が執り行われる。

> 婚姻契約登録書をまえに花嫁の父と登録人、それに花むこの父の三人が契約内容を確認し、それを登録人が書類にかきこみます。記入がすむと、花むこの父が、まず最初に花よめのところにいき、彼女にサインをもとめてきます。つづいて花むこ、保証人ふたり、登録人と書類がまわされ、それぞれ署名していきます。五人の署名がおわると、ふだんはつかわない特別上等のお香がたかれ、その香煙のたちのぼるなかで花嫁の父と花むこがしっかり握手をかわします。一方、登録人は契約の内容をよみあげ、コーランの一節をおごそかにとなえて、式はおわります。（「砂漠の結婚式」180―181頁より）

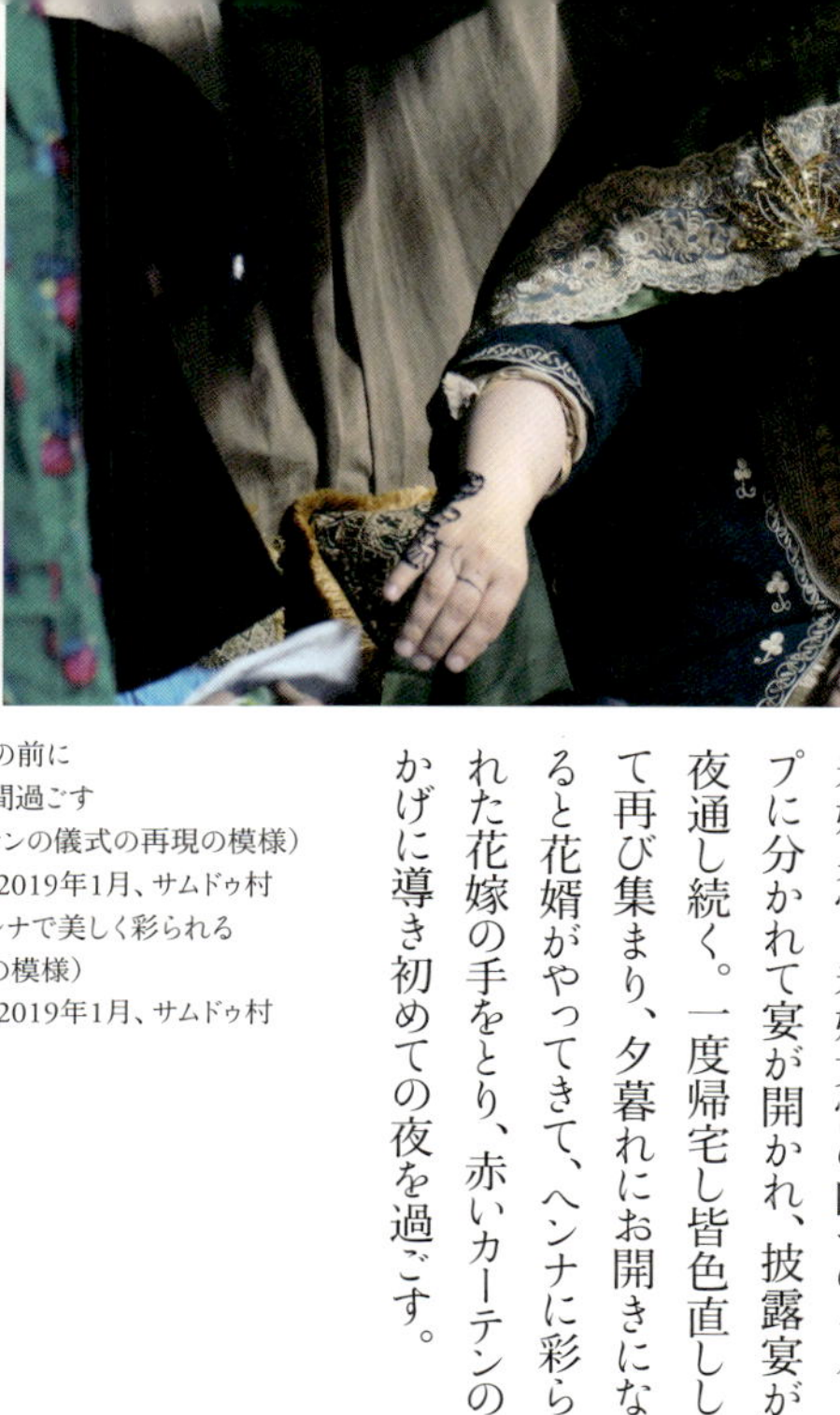

左：花嫁は結婚披露宴の前に
カーテンの中で1週間過ごす
（日本人によるカーテンの儀式の再現の模様）
撮影：渡邊三津子、2019年1月、サムドゥ村
右：花嫁の手や足はヘンナで美しく彩られる
（日本人による再現の模様）
撮影：渡邊三津子、2019年1月、サムドゥ村

カーテンの儀式

結婚契約式から披露宴の間に「カーテンの儀式」が行われる。結婚にまつわる一連の儀式のなかでもっとも印象的なシーンである。ある日、母親が、花嫁の後ろから赤い花模様等の色鮮やかな大きな布をかぶせる。娘はすでに結婚のことを知っているが、嫌がっているフリをしなくてはならない。片倉は、嫌がる（フリをする）娘と母親のやり取りを臨場感たっぷりに描いている（本頁下段参照）。

花嫁がカーテンの陰で1週間ほどすごした後、既婚女性、既婚男性、未婚男性、未婚女性の四つのグループに分かれて宴が開かれ、披露宴が夜通し続く。一度帰宅し皆色直しして再び集まり、夕暮れにお開きになると花婿がやってきて、ヘンナに彩られた花嫁の手をとり、赤いカーテンのかげに導き初めての夜を過ごす。

娘は、キャッと叫んで、「いやだわ、いやだわ」と大声で泣き叫んで母親にむしゃぶりつく。いや、できるだけ大きな声で泣き叫ばねばならない。これが結婚の公式発表である。もちろん、娘も含めてみんなが、すでに彼女の結婚のことを知ってはいるが、赤い布がかぶせられた時に、娘は大声で泣き叫び、「いやだ、いやだ」というふりをする。それと知りながら大声で泣き叫ぶということが肝要なのである。（中略）「れろれろれろれろ……るるるるるるる……」。娘ともみ合いながら母親は、舌の先を微妙に早くふるわせて、かん高い叫びをあげる。

このザガーリードを聞きつけて、女たちが、あたふたとかけつけてくる。結婚のことは、すでに知れわたっているが、驚いたふりをして、母子の争いのまわりに集まってくる。それから、母親の方の加勢をして、娘を部屋の一隅に追いやり、そこに、赤い花模様の布をカーテンのようにつりさげる。このカーテンのかげに花嫁となる娘は閉じこめられる。（『アラビア・ノート』116頁より）

このように、結婚契約の日から華やかに行われていた結婚の儀式も、今は簡略化されているようだ。カーテンの儀式の日から花嫁がその陰ですごすというようなことも、30年ほど前から行われなくなってきており、「私の姉はしたけれども、私は15年前だったので、もうしなかった」という話も聞かれた。

暮らしのなかの学びと成長

藤本悠子／アナス・ムハンマド・メレー

ワーディ・ファーティマ地域では、1961年に男子小学校、1964年に女子小学校が初めて設立された。片倉の最初の調査当時は学校教育が普及する最中であった。

多数の著書で片倉が述べているように、アラブ社会では、子どもの成長は年齢で数えるのではなく、できる仕事の内容で測られる。女の子は幼いころから家事を担い、年齢よりも任される仕事が成長の証となった。4歳頃から掃除、洗濯を任され、ひとりでチーズやバターをつくり、パンが焼けるようになれば一人前とみなされた。自分より下の子が生まれたら面倒をみる。片倉もとこの調査当時、子どもたちは、弟妹の子守、家畜の世話、料理、水くみ、そして放牧のために銃を撃つ練習でさえ、自ら親のまねをして覚えたという。

学校教育の現場で用いられる鞄やノート、教科書等の学習道具だけでなく、コーヒーを淹れるための道具といった生活の道具も、子どもたちの学びの道具であった。

現在、学校（小学校～高校）は129校（男子校：61、女子校：68）にのぼり、年々増え続けている。課外活動に熱心な生徒は多く、政府派遣留学生として海外に留学する学生も増えている。

自ら学びとる

子どもたちは、あらゆる機会に、大人のやっていることをおぼえようとします。実際にやってみる。うまくいかない。何とかうまくやろうと懸命になる。といった過程を、多かれ少なかれ経験しながら、いつのまにか、仕事をおぼえていくのです。労働そのものには価値をおかないのですが、それができるようになるということ自体に、成長していく自己のアイデンティティをもつようです。

遊牧生活をするうえで必要な銃の扱いなどでさえ、教えられておぼえるのではありません。大人たちは「あぶないから気をつけてやれ」などというようなことを言いません。まれに、年長の兄から銃の撃ち方を教わっているのをみて、「よかったね。お兄さんに教えてもらえて」と、わたしが何気なくいうと、憤然として、「教えてなんかもらっていないよ。ぼくが自分で習ったんだ」と気色ばんで応答されてしまいます。「自分が、かってに自分で学んだんだ」というセリフは、子どもたちのたいへんお気に入りで、たびたび聞かされたものです。（『ゆとろぎ―イスラームのゆたかな時間』40頁より）

左：コンピューターを使った授業を受ける子どもたち　撮影：郡司みさお、2006年、アッダンマーム（ダンマン）
右：座って授業を受ける子どもたち　撮影：片倉もとこ、1968-70年、ダフ・ザイニー村、KM_2524

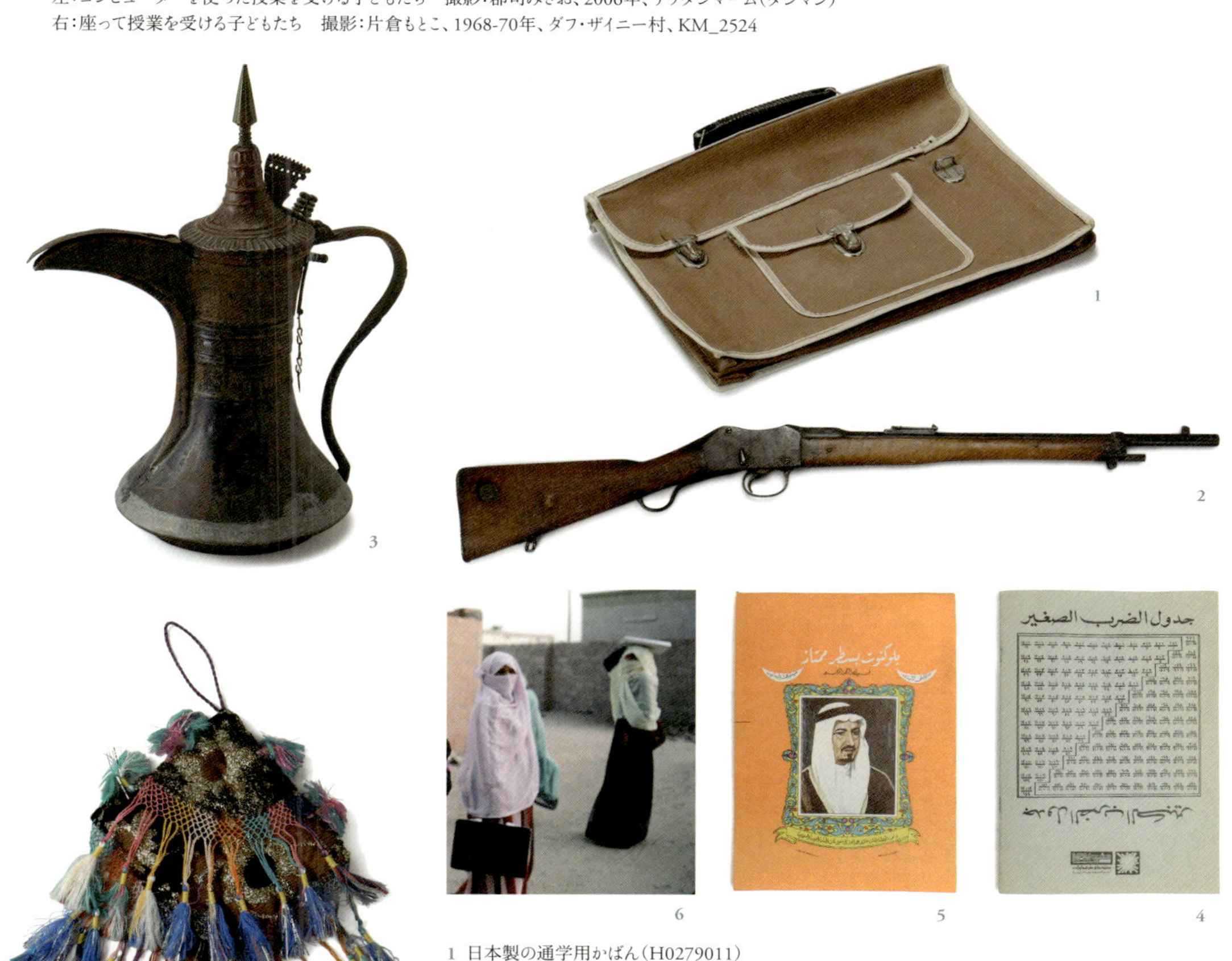

1 日本製の通学用かばん（H0279011）
2 遊牧生活に必要なライフル銃（H0279006）　家畜や自分の身を守るために使ったり、鳥を撃ったりする。
3 コーヒーポット（H0100202）
4 かけ算表が書かれたノート（H0279012）
5 第5代 ファハド・ビン・アブドゥルアズィーズ国王の肖像が表紙になったノート（H0279013）
6 学校の授業に出かける女性たち　撮影：片倉もとこ、1983年、ダフ・ザイニー村、KM_5049
7 熱いコーヒーポットをつかむための布（MOKO財団蔵）

ワーディ・ファーティマ社会開発センターの影響と役割

藤本悠子

ワーディ・ファーティマは1960年代から本格的に行政が整備され、1961年に労働省、社会問題省、農業水産省、教育省、そして保健省の共同事業で16の機関を設けることになり、地域における社会、文化、教育、農業、健康の水準を高めることを目的に、ワーディ・ファーティマ社会開発センター(以下、センター)が開設された。地域が抱える社会問題についても調査を行い、学校教育、食品衛生の見直し、病院での予防接種や治療を推奨した。〈1〉

センターは住民から学校開設の申請を受けると、教育省を通じて教師を雇い、持ち運び可能な黒板とチョークを提供した。慣習的に子どもたちは机や椅子を使わず、布やナツメヤシ製のマットを床に敷いて座り、膝の上で書いて学んできたが、ダフ・ザイニー村の小学校では、住民の協力で早くから高学年向けに机のある教室が設けられた。出生登録や学校登録が進むに連れ、民族集団同士の交流が進んだほか、若者は大工等の職業訓練を受けるようになった。センターは女子や母親に対して、効率的な家事や手仕事について訓練する機会や読み書きの授業を提供し、外国人女性を雇い診療所を設け、女性専用の医療体制を整えていった。

半世紀を経た現在、中心都市のアルジュムームに大学が二校できる等地域は発展し、センターも講演用のホールやプール等設備を設置、拡大している。職員は女性と男性が建物内で完全に仕切られたスペースで働き、女性部門では絵画等を飾る展示室をはじめ、パソコンルーム、美容室、スポーツジム等、すべて女性専用に設置されている。サッカー場、体育館、プール等は時間制で男性も女性も利用することができる。女性たちが手づくりの品を売るコーナーも設け、アルジュムームで現在建設中の公園の一角でも販売予定である。地域に密着し女性の社会進出を支えるセンターの存在は、今後ますます大きくなるだろう。

社会開発センターのプール　撮影：藤本悠子、2015年、アルジュムーム

注　〈1〉Katakura 1977

左上：1970年代の社会開発センター　撮影：片倉もとこ、1970年、アルジュムーム、KM2018_0805
左下：1980年代の社会開発センター　撮影：片倉もとこ、1988年2月、アルジュムーム、KM_5409
右：現在（2018年）の社会開発センター　撮影：遠藤仁、2018年5月、アルジュムーム
下：社会開発センターからブシュール村の中学教師宅に提供された黒板　撮影：不明、1968-70年、ブシュール村、KM_3018

外国人労働者との関係

藤本悠子

ワーディ・ファーティマの主要産業である農業は、もともとは同じ一族のなかで作物をつくる人と、それをラクダにのせて市場に売りに行く人がコンビを組むか、一人二役をするかで担われてきた。そこに、他地域や外国から人が入るようになると、役割が複雑になっていった。町からやってきた水主が雇う井戸番や掃除人は出稼ぎにきたイエメン人、井戸のポンプを修理するのはパレスチナ人やパキスタン人が担当した。〈1〉

1970年6月に片倉がまとめた統計では、当時のワーディ・ファーティマの人口1万9165人のうち、外国人労働者は520〜600名ほどで、400名近くはイエメン人、65名ほどがパレスチナ人、続いてヨルダン人、シリア人等であった。農業労働に従事するのは主にイエメン人、パレスチナ人であり、エジプト人、シリア人、ヨルダン人は教師として村の学校に派遣されるか、ワーディ・ファーティマ社会開発センター(以下、センター)の職員として従事することが多かった。

センターが地域の女性たちに家事や内職を指導するために雇ったのも、シリア人女性ソーシャルワーカーと、2名のエジプト人女性助手だった。また当時の男子小学校教師は、ほぼサウジアラビア人男性であったのに対し、女子小学校の教師は、ほとんどが外国人女性(シリア、エジプト、ヨルダン、パレスチナ)であった。エジプト・カイロに留学してアラビア語を学んだ片倉もとこは、そのようなある意味外国人に対してオープンだった教育現場に教師として入りやすく、現地の子供たちに文字の読み書きを教え、生徒が思いがけず調査の手助けをしてくれることもあった。

現在は、センターだけでなく、ワーディ・ファーティマの学校においても、地元の人びとが雇用されるようになっている。一方で、一定の分野では国籍と労働がセットである傾向は根強い。このため、サウジアラビアの人からみるとフィリピン人に似ているように見えた片倉もとこは、調査中よくフィリピン人のお手伝いさんと勘違いされたという。

私の生徒たち

「先生、もう始まる?」私のアラビア語教室の生徒たちだ。今日は金曜日なのに、教室に指定されているマリアムの家に私が来ているのを聞きつけてやって来たらしい。(中略)「先生、宿題やったよ。全部の動物のメスとオスの数を、ちゃんと調べてきたの」案外、家畜の数には無頓着で、おまけににわとりなどを飼っているのを人には知られたくないので、大人たちは隠そうとする。細かいデータづくりを、私の生徒たちはずいぶん助けてくれた。(『アラビア・ノート』41頁より)

注 〈1〉Katakura 1977

上：農業に従事する外国人労働者たちと語らう片倉もとこ　撮影：不明、1968-70年、ワーディ・ファーティマ、KM_3022
下：ジッダ（ジェッダ）の港で働く外国人労働者　撮影：片倉もとこ、1968-70年、ジッダ、KM_0042

時代の変化を肌で感じてきた女性

藤本悠子／郡司みさお

2018年から、ワーディ・ファーティマにおいて、片倉もとこの研究をもとにフォローアップ調査を行うにあたり、半世紀前から現在までの変化を知る手がかりとして、ライフストーリー（個人史・生活史）の聞き取りを行った。ここでは、ワーディ・ファーティマや片倉に縁のある3人の女性たちの語りを簡単に紹介する。

片倉もとこが薬を贈った働き者の女の子

「父は村の長老で、雑貨店を営んでいました。生後間もなく病気をした私は、モコ（片倉もとこ）が持ってきた薬に助けられました。彼女はその後も私を気づかい、食べ物やミルク、当時村で唯一のベビー・ベッドを贈ってくれました。小学校卒業後は姪の世話をしながら、よく水運びをしました。16歳の頃、配水車がきて蛇口が設置されるようになったので、もう水を運ばなくてよくなりました（34頁「50年で一番変わったことは？」参照）。その頃に結婚しました。式は、特に晴れ着を着ない地味なものでした。4人の娘と3人の息子、そして孫にも恵まれました。大学に行った子もいます。2か月前、そして先週と、娘たちが次々と結婚し、子育てを手伝った姪も結婚しました。

50年で村は大きく変化しました。道路ができ、電気がひかれるようになりましたが、一番感じるのは家の変化です。最近は携帯で話すので、お隣さんとの集まりがあまりなくなってしまったのが残念です」（2019年1月ワーディ・ファーティマでの聞き取りから）。

左：水がめに身をよせる少女（ご本人ではありません）
半世紀前は、井戸からくんできた水を土製の水がめやドラム缶にためて使っていた。
撮影：片倉もとこ、1968-70年、ワーディ・ファーティマ、KM_2944
右：片倉もとこが薬を贈った働き者の女の子（本人の希望により写真ではなく似顔絵を掲載）
作成：郡司みさお

彼女のエピソードは片倉の著作にも登場する

首長の二番目の奥さんの赤ん坊が、身体が弱く、耳だれがしょっ中でて困るという話を聞いて、その赤ちゃんを抱きあげてみたら、どうも栄養失調のようであった。ジッダの町に行って、シリヤ人の医者に相談すると、ヴィタミン剤を投与すればよいという。その通りにしたら、案外早く効を奏した。それ以来、私はドクトーラ(ドクターのアラビア語女性形)などとも呼ばれるようになった。(『文化人類学遊牧・農耕・都市』41頁より)

英語を教える教師一家の女性

藤本悠子／郡司みさお

「モコ(片倉もとこ)に最初に会ったのは4歳の頃でしたが、よく覚えています。2回目の調査のときにおじの家に下宿していたモコは、ひいおばあさんとよく一緒に寝ていたそうです。また祖母からいろいろな話を聞いたり、親戚の村の結婚式に行ったりもしたと聞きました。おじは教師で、私も小さいころから英語を仕事にすることが夢でした。就職するのはなかなか難しいですが、私は幸いにも大学を卒業した3か月後に、アルジュムームの小学校で英語教師の職につくことができました。同じころに結婚もして、白いウェディングドレスを着て式を家と結婚式場で2回挙げました。母は１９８０年ころに村で初めて白いウェディングドレスを着ました。披露宴の前には伝統的なお祝いの儀式(１４４頁「結婚」参照)を開いたそうで、現在も人によってはしています。数年前に夫を交通事故で亡くしたため、おじの家で3人の子供を育てながら仕事をしています」(２０１９年1月ワーディ・ファーティマでの聞き取りから)。

ワーディ・ファーティマで
アラビア語を教えていた片倉もとこ

片倉もとこは、ワーディ・ファーティマの女性たちにアラビア語の読み書きを教えることを通して、彼女たちと交流を深め、信頼を得て自身の調査を深めていった。

はじめのうちは、カメラもテープレコーダーもフィールドノートも、何も持たず、手ぶらで何げなく訪問し、他愛のないおしゃべりで共に時を過すことを重ねた。そんな無駄なような時間を費しているうちに、その人たちは、今、どんなことを問題にしているのか、欲しているのかがわかってくる。例えば、意外に教育熱がさかんであること、女子の学校、母親学級の先生は、女性でなくてはならないが、エジプト、パレスチナなどからの女性の先生が少数しかいないで困っていることなどが判明してくる。そこで私は、女教師になることを志願する。遊牧民社会はある意味でオープンな社会なので、よそ者である私を喜んで雇って(?)くれた。アラビア語の発音には訛りがあるが、字が書ける、読める能力があるということを認めてくれたのだ。遊牧社会の持っている「実力主義」の一つの表われでもある。社会開発センターからまわしてもらった教材を使って、彼女たちにアラビア語のＡＢＣや、アラビア数字を教え出す。読み書きの能力があると彼らは買いかぶってくれたが、まずまずこの辺のことを教えるのだから、私の実力でなんとかぼろが出なかったわけだ。(『文化人類学　遊牧・農耕・都市』、40―41頁より)

上：女性たちの学校での学習風景（ご本人ではありません）
半世紀前は、外国人労働者の女性教師が教鞭をとることが多かったが、
現在は彼女のようなサウジ人女性の教師も増えた。
撮影：片倉もとこ、1983年、ダフ・ザイニー村、KM_1035
右：英語を教える教師一家の女性（本人の希望により写真ではなく似顔絵を掲載）
作成：郡司みさお

伝統文化を後世につなぐ芸術家
──サフィーヤ・ビンザグル

藤本悠子／郡司みさお

「1940年にジッダ(ジェッダ)で生まれた私は、エジプトで幼少期を過ごしました。イギリスに留学した後、1963年に故郷へ帰ると、巧妙に装飾された家々や居住者同士の交流があった伝統的街並みが、西洋からの輸入品によって急速に変化していました。母国サウジアラビアには芸術が必要であると気づき、エジプトに戻って絵画の個人授業を受けた後、サウジ国内では画材不足等環境が整わず、再びイギリスに渡り、芸術大学で新たな画法を学びました。

1968年にジッダの女子高校の教室を借りて、初めて個展を開き、1973年にイギリスで個展を開きました。そこで自分の絵を売るのをやめ、人びとから話を聞き、変わりゆく伝統と慣習を正確に記録し保存することに力を注ぎました。その後も世界各地で個展を開きながら、2000年にはジッダに自分のギャラリーを開設して、芸術家を育てています(62頁「現地画家が描いた慣習と内なる空間」参照)。

モトコ(片倉もとこ)も、伝統文化と人びとを愛しました。外国人で女性の研究者が熱意を注ぐ姿に感銘を受け、家族ぐるみのつきあいが続きました。過去は魅力的ですが、今それを生きることはできません。昔の美しさを現代に活かす方が いいでしょう」(2019年1月ジッダでの聞き取りから)。

右:ビンザグルさん　出典:https://daratsb.com/safeya/　左上:ビンザグルさんと片倉もとこ　撮影:不明、1988年
左下:片倉もとこ記念沙漠文化財団の表敬訪問時の記念撮影(中央右がビンザグルさん)　撮影:縄田浩志、2015年3月、ジッダ

託された遺品

藤本悠子

これらは、ワーディ・ファーティマのある女性（2016年逝去）から、私たちに託された遺品である。彼女は、片倉もとこの著書に何度も登場する等深い親交があった。特に、『アラビア・ノート』に登場する、断食明けに一緒に詩の掛け合い合戦に同行したエピソード等が印象的である。

彼女は30歳代の頃に、隣村の特徴的な平銀糸入りブレード組みひもティッル／トゥッルを使った飾面を気に入り、500リヤルという大金で購入し、ファッションとして楽しんでいた。500リヤルは当時の価値として、10万円以上であったと推定される。飾面をつけ、頭に赤い頭紐をしめ、長衣をはおり、結婚式等お祝いのとき等に着て行った。

1

3

2

1 遺品をつつんでいたふろしき（MOKO財団蔵） 2 手づくりの女性用晴れ着・外着アバーヤ（MOKO財団蔵）
3 髪覆いがずれ落ちないように頭の上に乗せる赤い頭紐（MOKO財団蔵）

左：隣村から購入した飾面を愛用していた　撮影：片倉もとこ、1980年、ダフ・ザイニー村、KM_6779　右：この女性が愛用していた飾面（MOKO財団蔵）

井戸端ではぐくんだ恋物語

幼い頃からの恋の火が静かに燃えつづけていたケースである。浅黒い顔に利発そうな瞳をやどしたラハマのところへ父方の伯父の息子、すなわち結婚相手としては最も良いとされているいとこから結婚の申込みがあった。彼女は、父に懇願した。「どうか断ってください。少なくとも、もう少し待ってもらってください」と。「私は、去年、洪水の時に死んでしまった妹のことが忘れられません。まだショックから立ち直れないのです」。

ラハマの妹が不慮の死をとげたのは事実であった。沙漠の水害は珍しいことではない。ふだんは干からびている涸れ河（ワーディ）に、雨が降ると、お膳の上に味噌汁の椀をひっくり返したように八方にわあっと流れる。サイルとよんでいるこの洪水で遊牧民のテントが流されたり、死傷者が出たりもする。

ラハマには妹の水死という格好の口実が与えられた。ラハマは、母方のいとこの一人と早くから相思の仲だったのである。父方のいとこが、とうとうしびれをきらして他のいとこと結婚するまで、ラハマは、同じ口実を使ってじっと待った。母方のいとこで、彼女の意中の人であったシャーキルは、ジッダの町に出稼ぎに出ていることが多く、金曜日の休日にしか戻って来なかったが、この静かな恋物語はめでたく実を結んだ。二人は各々別々に私の家にやって来て（結婚するまではうちそろって来ることは許されない）、一部始終を語り、喜びをかくしきれない様子であった。（『アラビア・ノート』107―108頁より）

日本の中高生とのふれあい——サウジアラビアの文化にふれて

藤本悠子／郡司みさお／河田尚子
アナス・ムハンマド・メレー

片倉もとこ記念沙漠文化財団は、2018年に栃木県の女子高校生721名、ならびに神奈川県の女子中学生38名を対象に、出張授業を行った。生徒たちへの授業前の質問および授業後のアンケート、そして授業中の生徒からの反応は、一般人や若者との交流、研究成果のアウトリーチ、とくに物質文化を中心として博物館展示を企画・準備するにあたって大いに参考となるものであった。

栃木では、「サウジアラビアという国」と題し、財団メンバーのサウジアラビア人男性と、サウジアラビア駐在経験をもち、現在、現地調査を行っている日本人女性の財団メンバーが講師として、現地の衣装を着用し、同国の概要、イスラームの基礎知識、女性の日常生活について現地調査をふまえて説明した。生徒たちは、展示された現代リバイバル衣装を手に取って観察し、講師たちに熱心に質問を重ねた。「タウブやアバーヤといった衣服の下は何か着ているのですか」と何人もがたずねてきたのは印象深かった。生徒たちは実物の衣装を目の前にして、サウジアラビアでは性別問わずファッションが楽しまれているのを、驚きつつも実感をもって受けとめたようだった。また、衣装がリサイクルやリバイバルを続けてきたと知り、デザインの意味等具体的な関心が高まったという生徒もいた。

神奈川では、「イスラームの生活文化」と題し、日本人

右：サウジ人講師による「サウジアラビアという国」に関する講演風景　撮影：藤本悠子、2018年10月、栃木県
左：サウジアラビア駐在経験をもつ日本人女性講師による講演風景　撮影：藤本悠子、2018年10月、栃木県

女性ムスリマの財団メンバーが講師として、イスラームについての基礎知識、ムスリマの日常生活について説明し、バラ水をかけてみたり、厚紙で作成した飾面ブルグアのレプリカを試着したりする体験授業も行った。アンケートによると授業を受ける前は、「礼拝や断食等いろいろなルールを守らなくてはならない」、「厳しくしばられた宗教」、「暴力的でこわいイメージ」、「最近頭を布で覆っている女性をよく電車等で見かけて、なぜそのような服装なのかわからない」といったイメージでとらえられていることがわかった。そのイメージは授業後に変化したという感想がほとんどであり、女性の服装について、「布にもいろいろなデザインがあったり、女性の権利、尊厳を守るために行っていることだと知って、弱い立場の人にも優しい宗教だというイメージに変わった」等の意見が寄せられた。「ベールをかぶらない私たちは、容姿だけで判断されていたと思うと、少し複雑な気持ちになりました」との本音も吐露され、社会進出という点で、ある意味、日本より進んでいると感じたという意見もみられた。

　飾面ブルグアの試着体験への感想は、「メガネを着けている人はどのようにかぶるのか」、「足下はみえづらいが大丈夫か」、「女性をどうやって特定しているのか」、「日本人がマスクをするのと似ている」等、着けたからこその貴重な意見が寄せられた。

右：実物衣装を前にムスリマの生活文化を説明　撮影：藤本悠子、2018年11月、神奈川県
左：飾面ブルグアの紙製レプリカを着けて講演する日本人ムスリマ　撮影：藤本悠子、2018年11月、神奈川県

日本とサウジアラビアのいろいろなつながり

郡司みさお／渡邊三津子

サウジアラビア男性が着る白い衣装タウブ（トーブ）／サウブ、サウジ女性が身に着けている黒いアバーヤ／アバーアには、日本製の生地が多く使われている。片倉もとこが調査を行っていた1960年代当時から質の良さが評価され、現在にいたっている。生地だけでなく、ショッピングモール等には日本の衣料雑貨店等も出店しており、日本と全く同じ品物がやや高めの値段で売られている。

また、聞くところによると、近年サウジアラビアに進出した、大手100円均一ショップ（現地販売価格は、100円ではないが）では、つけまつげが女性に大人気だそうだ。町の雑貨店等にも、日本の100円均一ショップで販売されている日本語の商品名のものが、アラビア語商品名のもののなかに混じっておかれている。

また、日本食も人気で、ショッピングモールのフードコートには寿司等の日本食を売る店があり、ジッダ（ジェッダ）市内には、サウジアラビア人オーナーが営む日本食レストランもある。料理人は日本人ではないが、本格的な味が楽しめる。東南アジア系の労働者が多いせいか、スーパーマーケットには、しょう油等日本食の調味料も売られている。

若者の間では、日本のアニメや漫画、ゲームが人気で、ワーディ・ファーティマで聞き取りに訪問した家族の娘さんが、別れ際に日本語で「じゃあね！」と言ってくれたこともある。町中で声をかけてくれる若者たちも意外に多い。「日本人ですか？　すごーい！」アニメをみて覚えているので、町中で話しかけてくれる若者たちの言葉は、日本語学校で正式にならうものよりも、日本の若者言葉に近いのがご愛敬である。『ナルト』、『進撃の巨人』、『BLEACH』等が人気であるようだ。

他にも、子どもの頃から空手や柔道、日本の車や家電に触れて育ち、学校においても広島の原爆や日本の戦後復興について学ぶ等、知日的である。人びととの生活に不可欠な水を提供するためのプラントのなかには、日本の海水淡水化技術が使われているものもある。

日本製の男性用タウブ生地　撮影：渡邊三津子、2018年5月、ジッダ

上：ジッダ市内のショッピングモールの「無印良品」　撮影：遠藤仁、2018年5月、ジッダ
左中：アラビア語で商品名が書かれた「キッコーマン」しょう油　撮影：渡邊三津子、2018年5月、ジッダ
左下：日本語の商品名が書かれた基礎化粧品　撮影：渡邊三津子、2019年1月、ジッダ
右下：ショッピングモールにある日本のポップカルチャー雑貨を販売する店　撮影：渡邊三津子、2018年5月、ジッダ

ワーディ・ファーティマ8㎜映像と片倉もとこインタビュー

藤本悠子／渡邊三津子

半世紀前のワーディ・ファーティマを記録した片倉もとこの資料のなかで、映像は1点しか確認されていない。8㎜フィルムで4842フレーム分あり、音声はない。1960年代末に撮影されたことが、自身の手書きメモからわかる。主な内容は、①ブシュール村の井戸と景観、②ナツメヤシの農地と水路、③農地脇のロバやトリの巣、④農業従事者に聞き取りをする片倉もとこの様子、⑤ワーディ・ファーティマ社会開発センターからみた風景、⑥タンクに水を貯める配水車、である。写真と対照することにより、個々の撮影地を特定することができた（32頁「片倉もとこのフィールド資料を読み解く」参照）。動きがある貴重な研究資料であるが、何よりも、片倉の調査の様子や人びととの交流を感じ取れる点で価値が高いと思われる。

もう一つの映像資料、サウジアラムコから2006年に受けたインタビューにおいて片倉もとこは、サウジアラビアで行った現地調査のいきさつを振り返りつつ、サウジアラビアのもてなしの文化や異文化に対する姿勢について触れている。日本の文化とも案外似ている点についても指摘し、比較文明論としての考察の一端が感じられる（28頁「片倉もとこの著作と考察」を参照）。

同調性を重んじる日本と、
異なる考えを受け入れるアラブ人

アラビアっていうのは、アフリカ大陸、ヨーロッパ大陸、そしてアジア大陸の3つの大きな大陸の結節点の辺りにいる人だから、人間っていうのはみんな違ってて、顔かたちも違っているように考え方も違うし、いろんなことが違っているのが当たり前だと思うわけね。そこが日本人は私もあなたと同じようにしますっていうので、受け入れてもらおうとすると思っちゃったりするんだけれども、違っていることが当然。（サウジアラムコ『架け橋』のインタビューより）

上：半世紀前のワーディ・ファーティマ、片倉もとこの調査風景
下：インタビューに答える片倉もとこ（サウジアラムコDVD『架け橋』より）

エピローグ

半世紀前に写し込まれた生活用具が何であるか、人物が誰であるかを確かめ、
どこで撮影されたのかを明らかにする調査のプロセスを通じて、
人びととの新たな関係が結ばれた。
「文化」という資源がもつ新たな可能性を、
現地の人びとと協働してどう切り拓いていけるのか。

ワーディ・ファーティマ社会開発センターにて物質文化の同定調査を行う
撮影：縄田浩志、2018年5月、ワーディ・ファーティマ

おわりに――サウジアラビアの「文化」という資源、現在そして未来

「みる私」という視点に寄り添いながら、物質文化という切り口でもって、この半世紀の生活世界の変遷を追っていくと、個性的なサウジアラビアの女性の一人ひとりの姿が、浮き彫りになってきた。博物館に収蔵されているモノや写真は研究者だけのものではなく、それらは現地の人びとと協働して新たな価値をふきこむことで、「文化」という資源として地球社会が共有する可能性をもっている。

２０１７年12月、人間文化研究機構「現代中東地域研究」秋田大学拠点／国立民族学博物館拠点と片倉もとこ記念沙漠文化財団が協力して、サウジアラビアから学芸員を招いて「アラビア半島の文化遺産保護の現状と展開：サウジアラビアを中心として」と題した国際シンポジウムを横浜で開催した。あわせて、国立民族学博物館の収蔵庫、収蔵品の保管方法等を視察いただいた。学芸員たちは、首都アッリヤード（リヤド）にあるキング・ファイサル・センターならびにアッザフラーン（ザハラーン、ダハラーン、ダーラン）にあるサウジアラムコ附属のキング・アブドゥルアジーズ世界文化センター、通称ithraから招いた。

そのような交流の甲斐もあり、２０１８年５月キング・ファイサル・センターと片倉もとこ記念沙漠文化財団は覚書を締結して、今後、学術コレクション・展示・研究等において連携し、日本・サウジの文化の相互理解を深め協働していくことで合意した。キング・ファイサル・センターは１９８３年に設立され、１万６０００点を超える古書・古文書を保管し、サウジの各地域における歴史・文化のデジタルアーカイブ化を推進してきたサウジ有数の研究組織である。

もうひとつの大きな収穫は、ithraの訪問にある。片倉もとこ記念沙漠文化財団がアラムコ・アジア・ジャパン株式会社と協定（２０１４～19年）を結んでいるご縁から、一般公開直前、特別に中を案内していただいた。総敷地面積10万㎡に及ぶサウジ初の総合文化施設と呼べるもので、博物館、図書館、講堂、劇場、映画館等を備えている。20万冊収蔵の図書館はアラビア半島一の蔵書を数え、映画館はサウジで

2018年4月まで35年間禁止されていたのだが、首都に次いでサウジ2番目の施設になるという。地域性豊かなイスラーム文明史、またアラビア半島における自然環境から現代アートまで幅広い展示をおこなう博物館は、今後世界から高い評価を得るであろう。そして最新の技術を用いた体験型・双方向コミュニケーション型の子ども用レクリエーション、教育フロアでは、楽しみ学べる多くの工夫を体感することができた。この充実した完成度の高い文化施設、特にその洗練された展示内容に、多くを触発された。

同時に私たちはまた、ithraの展示責任者らを前にして、片倉もとこによる学術調査資料の価値、またそれを軸として準備中であった日本開催の展示案等を説明するプレゼンの機会をいただいた。ある学芸員には「あなたたちは、私たちが手にすることができない貴重なコンテンツをもっている」と褒めていただいた。将来的にithraを会場として、共同で展示を企画できないか、という話にまでこぎつけることができたのである。

水と緑に恵まれた地であったオアシス、ワーディ・ファーティマが経てきた50年の変化をすくいあげる私たちの学術的調査は、これまでにも増して文化遺産に光をあて観光に力を注いでいこうとするサウジ政府や民間組織による直近の方向性といみじくも道を交えることになったといえよう。

サウジアラビアの人びとともに「文化」という資源がもつ新たな可能性を切り拓いていけるか、地道な挑戦をこれからも継続していきたい。

縄田浩志

研究プロジェクトの概要

本書は、以下の六つの研究プロジェクトによる研究成果にもとづいている。

1 日本学術振興会科学研究費基盤研究（B）（海外学術調査）
「半世紀に及ぶアラビア半島とサハラ沙漠オアシスの社会的紐帯の変化に関する実証的研究」

サハラ沙漠とアラビア半島のオアシスで半世紀前から、日本の地理学、文化人類学者が収集した標本資料と研究内容を発展的に継承することにより、土地利用、生業形態、資源管理法、物質文化との関係から現代の社会的ネットワークを実証的に検証している。

2 国立民族学博物館共同研究
「物質文化から見るアフロ・ユーラシア沙漠社会の移動戦略に関する比較研究」

人文社会科学や理学、工学を専門とする共同研究者と、人間の拡散と適応、社会組織の可変性と開放性、物質加工の技術と担い手の交流という三つの観点から沙漠社会の移動戦略を解明していこうとしている。

3 新学術領域研究（研究領域提案型）『学術研究支援基盤形成』研究基盤リソース支援プログラム
「地域研究に関する学術写真・動画資料情報の統合と高度化」、中核機関：国立民族学博物館、支援機能名「地域研究画像デジタルライブラリ」（略称 DiPLAS）
片倉もとこが中東で撮影した約1万５４００点をアーカイブ化し、サウジアラビアで約半世紀前に撮影された約８０００点の写真について、関係者から情報を集めると同時に、利用許諾の確認をしている。

4 国立民族学博物館「フォーラム型情報ミュージアムプロジェクト」
中東地域民衆文化資料コレクションを中心とするフォーラム型情報データベース
片倉もとこが収集した資料も含む国立民族学博物館が所蔵する中東地域の民衆文化に関する資料について、収集地域で使用してきた現地の人びとと共同でデータベースを作成している。

5 片倉もとこ記念沙漠文化財団とアラムコ・アジア・ジャパン（株）との間で締結された
「アラムコ・片倉沙漠文化協賛金」事業
片倉もとこ撮影写真の整理、サウジアラビアのワーディ・ファーティマ地域における再調査、現地に収集されている物質文化の記録等を行っている。

6 人間文化研究機構基幹研究プロジェクト
「現代中東地域研究」国立民族学博物館拠点・秋田大学拠点
国内外の関係大学・機関と協力連携して、現代中東地域の文化、社会、政治、経済、環境等の現状について、学術的・総合的に調査研究を進める5つの研究拠点のうち、「中東地域における文化資源の現代的変容と個人空間の再世界化」をテーマとする国立民族学博物館拠点と「中東地域の環境問題と多元的資源観」をテーマとする秋田大学拠点の間で緊密な研究ネットワークを構築しながら、研究を推進している。

謝辞

サウジアラビアにおける現地調査は、サウジアラビア遺産観光庁と片倉もとこ記念沙漠文化財団の間で締結された合意書に基づいて実施された。現地調査開始当初、遺産観光庁長官として調査内容についてご理解、ご支援をいただいたスルターン・ビン・サルマーン・アブドゥルアジーズ・アールサウード殿下に万謝申し上げる。調査団を受け入れていただいたサウジアラビア遺産観光庁長官アフマド・ビン・アキール・アルハティーブ氏に深謝の意を表する。また、調査アレンジから写真利用許諾取得の方法まであらゆる面において貴重な教示をいただいた同庁研究部長アブドゥッラー・ビン・アリー・アルザフラーニー博士、そして現地調査を担当いただいたアイマン・アルイーターニー博士、ウマル・アルハルビー氏、アブドゥッラー・アルアリーフィー氏に心からのお礼を申し述べたい。

ワーディ・ファーティマ地域における調査活動に対しては、マッカ州知事ハーリド・アルファイサル殿下、アルジュムーム市長ウムラーン・ビン・ハサン・アルザフラーニー氏からさまざまなサポートをいただいたことに感謝の意を表する。サウジアラビア労働社会発展省マッカ支部長アブドゥッラー・ビン・アフマド・アールターウィ氏、アフマド・ビン・ヤヒア・サフヒー氏には、調査を支援いただき深謝する。ワーディ・ファーティマ社会開発センターの皆さまには、同センター所蔵の生活用具の撮影・資料化についての許可をいただいたのみならず、同地域のさまざまな関係者を紹介くださり、とくに半世紀前に片倉もとこが写真撮影した現地への案内、また被写体の方がたからの写真利用許諾において、多大な尽力をいただいた。センター長のファーイズ・ビン・ファウザーン・アルウタイビー氏、また職員のジャーファル・アルムタワッキル氏、ヤシーン・アルハルビー氏に心より感謝する。

研究成果のとりまとめにあたっては、キング・ファイサル・センター研究部長サウード・ビン・サーリフ・アルサルハーン博士、またファリーダ・アルフサイニー学芸員らから貴重な教示をいただいた。そしてワーディ・ファーティマ地域においては、アリー・アルムタワッキル氏、ウサーマ・ザイニー氏、ジャミール・ザイニー氏、イード・アルブシュリー氏、アティーグ・アルブシュリー氏、ファワーズ・アルブシュリー氏、マージド・アルサフリー氏、サーリフ・アルリフヤーニー氏、ムハンマド・アブドゥルラフマーン・メレー氏をはじめ、片倉もとこ先生が結ばれた縁が半世紀を経て一層強固なものとなったことへの感慨とともに深く感謝したい。

また、ジッダにおける調査においては、服飾に関してはジッダ女子大学学長ナダ・ザルヌーキー博士ならびに職員のライア・ムハンマド・メレー氏、伝統文化全般については元ワーディ・ファーティマ社会開発センター所長アブドゥルラヒーム・アルアフマディ氏、芸術家のサフィーヤ・ビンザグル氏に多くのご教示をいただいた。日本留学経験のあるアルワ・ウスマーン・アフマド氏とサーラ・タハ・ヌール氏、またウマル・アルムルシド氏、ムハンマド・ヤーシル・アルダイバーナー氏には、メンバーへの通訳の労をとっていただいた。

片倉もとこ記念沙漠文化財団とアラムコ・アジア・ジャパン(株)との間で締結された「アラムコ・片倉沙漠文化協賛金」事業の一環として、サウジアラビアにおける活動をサポートいただき、いつも温かく見守っていただいたアハマド・アルクネイニ元代表取締役、アンワール・ヒジャズィ元代表取締役、オマール・アルアムーディ現代表取締役には、感謝の意を表する。サウジアラムコ附属のキング・アブドゥルアジーズ世界文化センターのライラ・アルファッダーグ氏、イドリース・トレバサン氏には、文化遺産保護および展示方法について教示いただき感謝する。

ムスリム世界連盟のムハンマド・ビン・アブドゥルカリーム・アルイーサ事務総長には、サウジアラビアと日本の文化を通じた交流への理解と支援をいただき、感謝の念に堪えない。そして、アブドゥッラー国王奨学金プログラム第1期生として来日以来10年以上をかけて日本語を習得し日本社会に馴染んで勉学に勤しみつつ現在は同連盟日本支部代表理事としてマルチに活躍されているアナス・ムハンマド・メレー氏は、マッカ生まれでワーディ・ファーティマ地域にゆかりがあることもあり、本調査の学術的意義への深い理解にもとづき、現地調査のあらゆる側面において貢献いただいた。あらためてお礼を申し述べる。

また本書におけるアラビア語のブラシュアップにおいては、シャクラ大学のスルターン・アルハティーブ博士に大変お世話になった。

国立民族学博物館の吉田憲司館長また西尾哲夫副館長には、国立民族学博物館「フォーラム型情報ミュージアム」プロジェクト、国立民族学博物館「新学術領域研究（研究領域提案型）『学術研究支援基盤形成』研究基盤リソース支援プログラム 地域研究に関する地域研究画像デジタルライブラリ（DiPLAS）」、国立民族学博物館共同研究「物質文化から見るアフロ・ユーラシア沙漠社会の移動戦略に関する比較研究」、人間文化研究機構基幹研究プロジェクト「現代中東地域研究」国立民族学博物館拠点といった複数の研究プロジェクトに有機的に接合いただき、共同研究の進展から展示実務のアレンジまで大変な尽力をいただいた。あらためて、感謝申し上げたい。展示タイトル・趣旨の策定、展示品の選定、展示パネルの作成においては、西尾哲夫教授をはじめ、信田敏宏教授、野林厚志教授、三尾稔教授、福岡正太准教授、上羽陽子准教授、菅瀬晶子准教授、相島葉月准教授、黒田賢治特任助教の諸先生方からは多角的な視点から豊富な展示経験にもとづく有益な示唆をいただき、本書の学術的記載の正確さをさらに高めていただいた。この場を借りてお礼申し上げる。

横浜ユーラシア文化館の竹田多麻子学芸員には、サウジアラビア現地調査への参加から企画展の受入、関連行事のアレンジまでさまざまな面でご足労いただいた。感謝申し上げる。

本書の写真を撮影いただいた藤原一徳氏、デザインをてがけた佐藤大介氏、編集協力いただいた小山茂樹氏には、限られた時間のなか細かい点にわたり最善を尽くして本書の魅力を一段と深めていただいたことに心から厚くお礼申し上げる。また執筆者のなかでもとくに、遠藤仁、藤本悠子、渡邊三津子の諸氏におかれては、図版の作成、写真の加工、引用文献リストの作成、またキャプション情報や文体を的確なものとするために多くの時間をさいて編集作業をサポートいただいた。企画展開始までに、なんとか本書を完成にこぎつけることができたことをともに喜びたい。

最後に、国立民族学博物館と横浜ユーラシア文化館での企画展示の実現において、国立民族学博物館共同研究のメンバーとして、またこれまでの多くの展示経験をもとに展示内容から展示方法まで多大なご教示をいただいていた、イスラーム・ガラス研究を世界的に牽引してこられた真道洋子博士が、海外調査中の不慮の事故により急逝されました。ご冥福を心からお祈り申し上げるとともに、本書を謹んで捧げます。

編者

رسالة

تم نشر هذا الكتاب على أساس الإنجاز الأكاديمي التي تحقق تزامنا مع معرض استكشاف: ٥٠ عامًا من التغيرات في سبل العيش للمراة و المناظر الطبيعية في وادي فاطمة، المملكة العربية السعودية: المجموعة الإثنوغرافية لموتوكو كاتاكورا. حيث يدرس المعرض التغيرات في سبل العيش التي يعيشها الأشخاص في إحدى الواحات في شبه الجزيرة العربية. وادي فاطمة هي واحة جذابة في غرب المملكة العربية السعودية تنعم بالمياه والنباتات الخضراء في أواخر الستينيات ، وهي فترة كانت تمر بتغيرات اجتماعية واقتصادية سريعة. في تلك الفترة، أجرت العالمة موتوكو كاتاكورا (١٩٣٧-٢٠١٣) دراسات ميدانية مكثفة على مدى أكثر من عامين في محاولة تبدو مستحيلة في ذلك الوقت، وكان ذالك من خلال لقاءاتها مع النساء "المحجبات"حينها أدركت البروفيسورة أن النساء لا يشعرن بالراحة في أن يتم رؤيتهن ولكنهن يتمتعن بإظهار مبادرتهن والنظر للعالم الخارجي بحرية.
يتتبع هذا المعرض ٥٠ عامًا من التغييرات في سبل العيش لا سيما في سبل عيش المراة مع التركيز على التراث الثقافي الفريد. واستنادًا إلى المجموعة الإثنوغرافية القيّمة للبروفيسورة كاتاكورا من صور وخرائط وغيرها بالإضافة إلى نتائج الدراسات المتابعة التي أجريناها بعد نصف قرن.
و تقدم المعروضات في المعرض نظرة ثاقبة للتغيرات البيئية والاجتماعية التي تؤثر على الحياة اليومية للمرأة في المملكة العربية السعودية.
القسم الأول من المعرض يقدم الخصائص الجغرافية لمنطقة وادي فاطمة ويلخص الأعمال الإثنوغرافية لموتوكو كاتاكورا، في حين يوضح القسم الثاني التغيرات في المشهد والخصائص المادية لبيئة المعيشة الداخلية والخارجية سواء الخاصة والعامة لكل من الرجال والنساء . القسم الثالث يعرض الأزياء الملونة للنساء المصنّعات من مواد معاد تدويرها ، ويتتبع إحياء الأزياء بين النساء والتغيرات في المجوهرات و مستحضرات التجميل.
القسم الرابع يسلط الضوء على المعرفة المحلية حول الحياة اليومية والتعليم مع التركيز على جلب المياه وصنع القهوة وحصائر النسيج وتقديم الضيافة. الجزء الأخير يلقي الضوء على تاريخ الحياة الشخصية لنساء وبناء علاقة جديدة في المستقبل.

معرض ٥٠ عامًا من سبل العيش للمراة وتغيير المناظر الطبيعية في وادي فاطمة ، المملكة العربية السعودية: المجموعات الإثنوغرافية لموتوكو كاتاكورا (عالمة أنثروبولوجية ثقافية يابانية).
يستضيفه المتحف الوطني للاثنولوجيا- اوساكا (من ٦ يونيو الى ١٠ سبتمبر ٢٠١٩) ، متحف يوكوهاما أوراسيا الثقافي - يوكوهاما (من٥ اكتوبر الى ٢٢ ديسمبر ٢٠١٩) اليابان.

تنبية : يستخدم هذا الكتاب الصور التي التقطها البوفيسورة موتوكو كاتاكورا منذ ٥٠ عامًا للمملكة العربية السعودية للبحث العلمي بشكل عام لذالك نرجو عدم استخدام الصورة في المواقع العامة او موقع التواصل الاجتماعي او غيرها من دون موافقة الناشر .مع ضرورة مراعاة حقوق المصور وحقوق الاشخاص في الصور.

فيما يتعلق بشروط استخدام الصور و الصور التي يوجد بها اشخاص فالقد تم وضع شروط للنشر بعد الحصول على موافقة الاستخدام من الاشخاص المعنيين في الصور أو عائلاتهم أو الأشخاص المرتبطين بهم. (التي تبين ضرورة معالجة الصور مثل تشويش الوجه ، تشويش الأيدي ، وما إلى ذلك)او النشر العلمي او النشر في اليابان فقط وغيرها.

لهذه الأسبب نأكد مجددًا على أن الاستخدام الثانوي من دون موافقة الناشر للصور الموجودة في هذا الكتاب محظور تمامًا.

شكروتقدير

بعد رحلة بحث و جهد و اجتهاد و إجراء بحث ميداني في المملكة العربية السعودية بناءً على الإتفاقية التي وقعت بين الهيئة العامة للسياحة والتراث الوطني في المملكة العربية السعودية ومؤسسة موتوكو كاتاكورا لثقافة الصحراء اليابانية تكللت بإنجاز هذا الكتب.

في البدء نتقدم بخالص الشكر والامتنان لصاحب السمو الملكي الامير سلطان بن سلمان ال سعود رئيس هيئة الفضاء السعودية صاحب الفضل الكبير في انجاز هذي المهمة البحثية.
كما نعبر عن شكرنا العميق للهيئة العامة للسياحة والتراث الوطني بالمملكة العربية السعودية و نخص بذكر معالي رئيس الهيئة الاستاذ أحمد بن عقيل الخطيب على الدعم و التسهيل لنا للقيام بهذي الابحاث في المملكة العربية السعودية.
بالإضافة إلى ذلك نود أن نعرب عن خالص الشكر والتقدير لسعادة مديرعام قسم الأبحاث والدراسات الاثرية في الهيئة العامة للسياحة والتراث الوطني الدكتور عبدالله بن علي الزهراني لما قدماه لنا من الاشراف والتنسيق والنصح طيلة انجاز هذا البحث. و ايضا نشكر كل من الدكتور ايمن بن خليل العيتاني و الاستاذ عمر بن منور الحربي وعبدالله بن عبدالعزيز العريفي من الهيئة على تسهيل الابحاث الميدانية للفريق.

فيما يتعلق بالأنشطة البحثية الميدانية في منطقة وادي فاطمة نعرب عن خالص شكرنا لصاحب السمو الملكي الامير خالد الفيصل مستشار خادم الحرمين الشريفين امير منطقة مكة المكرمة وايضا سعادة محافظ محافظة الجموم الاستاذ عمران بن حسن الزهراني ومدير العلاقات العامة في المحافظة الاستاذ صلاح بن زامل الشريف على التعاون و تسهيل عمل الفريق البحثي.

كما نتقدم بالشكر الجزيل لوزارة العمل والتنمية الاجتماعية ممثلةً بمركزالتنمية الاجتماعية بوادي فاطمة بتاحة الفرصة لنا بدراسة الأدوات المعيشية التراثية التي يحتفظ بها المركز بل اضافة إلى ذلك تسهيل مهمة الفريق البحثي والتنسيق مع اهالي المنطقة والتعاون معنا في البحث الميداني.
ونخص بالشكر سعادة مدير عام فرع الوزارة بمنطقة مكة المكرمة الاستاذ عبدالله بن احمد ال طاوي و مدير ادارة تنمية المجتمع الاستاذ احمد بن يحيى صفحى و الاستاذ فايز بن فوزان العتيبي مدير مركز التنمية الاجتماعية بوادي فاطمة والاستاذ جعفر بن محمد المتوكل مشرف العلاقات العامة بالمركز والاستاذ ياسين بن ضيف الله الحربي امين المستودع بالمركز وجميع الموظفين بالمركز.
وايضا نود ان نشكر الامين العام مركز الملك فيصل للبحوث و الدراسات الاسلامية الدكتور سعود بن صالح السرحان و الاستاذة فريدة الحسيني على التعاون وتبادل الافكار.

كما نتقدم بالشكر الخاص للأديب و الكاتب الاستاذعبدالرحيم بن مطلق الأحمدي مدير مركز التنمية الاجتماعية بوادي فاطمة السابق وصديق البرفيسورة موتوكو لدعمة ابحاث البرفيسورة موتوكو منذ أواخر الستينيات الى الان فله منا جزيل الشكر والإمتنان والتقدير.

وفي منطقة وادي فاطمة نود أن نعرب عن تقديرينا العميق وشكرنا لجميع الأفراد الذين يتعاونون معنا ويدعمون عملنا.
وهم الاستاذ عتيق بن مستور البشري ، والأستاذ فواز بن عتيق البشري و الاستاذ عيد بن عطية الله البشري اصدقاء البرفيسورة موتوكو . الاستاذ علي بن محمد المتوكل مدير مزرعة شركة الشيخ اسامة زيني الزراعية و الحيوانية والاستاذ جميل بن ناصر زيني والاستاذ صالح بن غالي اللحياني من اصدقاء البروفيسور ايضا. ونشكر ايضا الاستاذ ماجد للسهلي مالك متحف الجموم الخاص والاستاذ محمد بن عبدالرحمن بن مليح والاستاذ مشعل بن احمد الانصاري مالك مزرعة خاصة في قرية الحميمة.وشكر خاص لمشرف مكتب شركة المياة الوطنية بالجموم الاستاذ مرزوق اللقماني.

وعن الابحاث في مدينة جدة نود ان نشكر كل من الاستاذة صفية بن زقر صديقة البرفيسورة موتوكو . ونشكر ايضا عميدة الكلية التقنية للبنات بجدة الدكتورة ندى ناجي زرنوقي و المدربة في الكلية الاستاذة رية محمد بن مليح و متحف مدينة الطيبات العالمية بجدة على التعاون.

كما نود ان نشكر فريق المترجمين المحليين للفريق الرجالي الاستاذ عمر بن عبدالعزيز المرشد والاستاذ محمد بن ياسر الذيباني وللفريق النسائي المبتعثات السابقات في اليابان الاستاذة اروى عثمان بكر احمد والاستاذة ساره طه نور.

وكجزء من مشروع منحة"أرامكو موتوكو كاتاكورا لثقافة الصحراء" بين مؤسسة موتوكو كاتاكورا لثقافة الصحراء وشركة أرامكو آسيا اليابان المحدودة .نعرب عن امتناننا العميق للمدير السابق الاستاذ أحمد الكناني والاستاذ انور حجازي والمدير الحالي الاستاذ عمر العمودي لدعم الخاص للأنشطة و الابحاث في المملكة العربية السعودية.ونود ايضا شكر رئيس متحف مركز الملك عبدالعزيز الثقافي العالمي (اثراء)الاستاذة ليلى حسين الفداغ والدكتور ادريس تربفيان منسق الفن الاسلامي في اثراء.

كما نشكر الدكتور سلطان بن عبدالعزيز الخطيب من جامعة شقراء في المملكة العربية السعودية على التعاون الاكاديمي مع الفريق ,حيث انه يعتبر من خريجين اليابان.

كما نعرب عن شكرنا الخاص لمعالي امين رابطة العالم الاسلامي الشيخ الدكتور محمد بن عبدالكريم العيسى على حسن الاستضافة وتسهيل مهم الفريق البحثي.

واخيرا نود شكر عضو الفريق البحثي الدكتور آنس بن محمد مليح مدير مكتب رابطة العالم الاسلامي في اليابان والعضو النشط في الفريق .ويعتبر من طلاب الدفع الاولى من برامج خادم الحرمين الشريفين للابتعاث الخارجي في اليابان .وباعتباره من ابناء مكة المكرمة و صلته بوادي فاطمة مع اجادة اللغة اليابانية و فهمه العميق للاهمية الاكاديمية في هذا المجال سهل المهمة البحثية بشكل كبير فله و لكافة اعضاء الفريق البحثي جزيل الشكر والإمتنان والتقدير.

- Binzagr, Safeya (1999)
  A Three-Decade Journey with Saudi Heritage.
  Altraiki P. Press, Jeddah.
- Brosh, N. (1993)
  Kohl bottles from Islamic periods excavated in Israel.
  Annales du 12e Congrès de A.I.H.V., Wien, pp. 289-295.
- Dostal, W. (1983)
  Ethnographic Atlas of 'Asir, Preliminary report.
  Der Osterreichischen Akademie Der Wissenschaften, Wien.
- Fadwa, El Guindi. (1999)
  Veil: Modesty, Privacy and Resistance. Berg,
  Oxford and New York.
- Fathy, H. (1972)
  The Arab House in the Urban Setting: Past, Present and Future.
  University of Essex.
- Fathy, H. (1986)
  Natural Energy and Vernacular Architecture:
  Principles and Examples with Reference to Hot Arid Climates.
  University of Chicago Press, Chicago.
- Fox, R.H. *et al.* (1969)
  Comparison of thermoregulatory function in men
  and women. *Journal of Applied Physiology* 26(4): 444-453.
- Gibb, H.A.R. *et al.* (eds). (1986)
  Encyclopedia of Islām, new edition, Vol. 5. E. J. Brill, Leiden.
- Grami, B. (2013)
  Perfumery plant materials as reflected in early
  Persian poetry.
  Journal of the Royal Asiatic Society 23(1): 39-52.
- Greenlaw, Jean-Pierre (1995)
  The Coral Buildings of Suakin: Islamic Architecture,
  Planning, Design and Domestic Arrangements in a Red Sea Port.
  Kegan Paul International, London.
- Groom, N. (1981)
  Frankincense and myrrh: a study of the Arabian incense trade.
  Longman, London.
- Hasanean, H. and M. Almazroui (2015)
  Rainfall: Features and variations over Saudi Arabia,
  a review. *Climate 2015* 33: 578-626.
- Hopp, N.P.S. (2009)
  Amber: Jewelry, Art, and Science.
  Schiffer Publishing Ltd, Atglen.
- Houtsma, M. Th.E. (ed.) (1987)
  J. Brill's First Encyclopedia of Islām, 1913-1936, E. J.
  Brill, Leiden.
- Inoue, Y. *et al.* (2005)
  Sex- and menstrual cycle-related differences in sweating
  and cutaneous blood flow in response to passive
  heat exposure.
  European Journal of Applied Physiology 94(3): 323-332.
- Katakura, M. (1977)
  Bedouin Village -A Study of Saudi Arabian People in Transition.
  University of Tokyo Press, Tokyo.
- Katakura, K. and M. Katakura (1991)
  Japan and the Middle East.
  Middle East Institute of Japan, Tokyo.
- Katakura, M. (1996)
  Ahal al-Wādī. Dār al-Qārī al-'Arabī (in Arabic).
- Kaciuba-Uscilko, H. and R. Grucza (2001)
  Gender differences in thermoregulation. *Current*
  Opinion in Clinical Nutrition and Metabolic Care 4: 533-536.
- Khan N. *et al.* (1991)
  Effect of heat treatments on the phytic acid content
  of maize products.
  Journal of the Science of Food and Agriculture 54-1: 153-156.
- Maslehuddin, M. *et al.* (2003)
  Comparison of properties of steel slag and
  crushed limestone aggregate concretes.
  Construction and Building Materials 17(2): 105-112.
- Matthew, R. and J. Marshall (1979)
  Jeddah: Historic Area Study, Stage One; Alternative Structures.
  Ministry of Municipal and Rural Affairs, Jeddah.
- Ransom, M. (2014)
  Silver Treasures from the Land of Sheba: Regional Yemeni Jewelry.
  The America University in Cairo Press, Cairo.
- Ross, H.C. (1978)
  Bedouin Jewellery in Saudi Arabia.
  Stacey International, London.
- Ross, H.C. (1994a)
  The Art of Arabian Costume: A Saudi Arabian Profile.
  Empire Publishing Service/ Players Press, California.
- Ross, H.C. (1994b)
  The Art of Bedouin Jewelry: A Saudi Arabian Profile.
  Empire Publishing Service/ Players Press, California.
- Stacey International and al-Trurath (2006)
  The Kingdom of Soudi Arabia. Stacey International
  and al-Trurath.
- Shindo, Y. (1993)
  Islamic marvered glass from al-Tur, South Sinai.
  Annales du 12e Congrès de A.I.H.V Wien, pp. 297-305.
- Skrabec, Q.R.Jr. (2012)
  The 100 Most Significant Events
  in American Business: An Encyclopedia.
  ABC-CLIO, Santa Barbara.
- Topham, J., A. Landreau and W.E. Mulligan (1982)
  Traditional Crafts of Saudi Arabia, Weaving-Jewelry-Costume-
  Leatherwork-Basketry-Woodwork-Pottery-Metalwork,
  Stacey International, London.

●鷹木恵子(2013)
「アラブ首長国連邦におけるナツメヤシ文化」
石山俊、縄田浩志編『アラブのなりわい生態系2 ナツメヤシ』
臨川書店、267-293頁。
●露木宏(2013)
『世界の伝統装身具図鑑〈地域別編〉神々の宿る銀』
繊研新聞社。
●東京国立博物館、サウジアラビア国家遺産観光庁、NHK、
朝日新聞社(2018)『アラビアの道——サウジアラビア王国の至宝』
東京国立博物館。
●中林敏郎、莨島豊、本間清一、中林義晴、和田浩二
(1995)『コーヒー焙煎の化学と技術』弘学出版。
●縄田浩志(2013)
「ナツメヤシ栽培化の歴史:栄養繁殖、人工授粉、
他作物栽培のための微環境の提供」石山俊、縄田浩志編
『アラブのなりわい生態系2 ナツメヤシ』臨川書店、13-63頁。
●縄田浩志(2014)「乾燥地における水分摂取の技術」
縄田浩志、篠田謙一編
『砂漠誌——人間・動物・植物が水を分かち合う知恵』
東海大学出版部、45-61頁。
●縄田浩志、マフジューブ・スライマーン・ムハンマダイン、
ハーフィズ・ムハンマドファトヒー・クーラ、
アブドゥルラフマーン・ベン・ハリーファ、
ゼイネブ・ズーベイディ、石山俊、岡本洋子(2014a)
「砂漠への適応技術:服装文化に見る」
縄田浩志・篠田謙一編『砂漠誌——人間・動物・植物が
水を分かち合う知恵』東海大学出版部、62–82頁。
●縄田浩志、岡本洋子、石山俊(2014b)
「素焼きの大型水壺の気化熱効果実験」
縄田浩志、篠田謙一編
『砂漠誌——人間・動物・植物が水を分かち合う知恵』
東海大学出版部、133-134頁。
●縄田浩志、ハーフィズ・ムハンマドファトヒー・クーラ(2015)
「紅海産黒サンゴの生態・採取・加工——イスラームの
数珠がつなぐ自然と文化」西本真一、縄田浩志編
『アラブのなりわい生態系5 サンゴ礁』臨川書店、139-205頁。
●縄田浩志(2018)
「コーヒー文化から、移動戦略を浮き彫りにする」

『民博通信』161: 22-23頁。
●西本真一、安岡義文、安岡彩(2015)
「サンゴ造建築構法」西本真一、縄田浩志編
『アラブのなりわい生態系5 サンゴ礁』
臨川書店、69-114頁。
●ハトックス, ラルフ・S(斎藤富美子、田村愛理訳)(1993)
『コーヒーとコーヒーハウス——中世中東における
社交飲料の起源』同文舘出版。
●福井勝義(1981)「コーヒーの文化的特性」
梅棹忠夫監修、守屋毅編
『茶の文化:その総合的研究 第二部』淡交社、165-211頁。
●文化学園服飾博物館編(2006)
『西アジア・中央アジアの民族服飾
——イスラームのヴェールのもとに』文化出版局。
●ユーカーズ, ウィリアム・H(UCC上島珈琲監訳)(1995)
『オール・アバウト・コーヒー——コーヒー文化の集大成』
TBSブリタニカ。
●三上次男(2000)
『陶磁の道——東西文明の接点をたずねて』中央公論美術出版。
●家島彦一(2006)
『海から見た歴史——インド洋と地中海を結ぶ交流史』
名古屋大学出版会。
●ロス, アンドリュー(城田安幸訳)(2004)
『琥珀:永遠のタイムカプセル』文一総合出版。

●Al-Ajmi, F.F. *et al.* (2008)
Thermal insulation and clothing area factors of
typical Arabian Gulf clothing ensembles for males
and females: Measurements using thermal manikins.
Applied Ergonomics 39: 407-414.
●Al-Bakrī, Abū 'Ubayd 'Abdallāh Ibn 'Abd Al-'Azīz
Ibn Mu'ammad (1983)
Mu'jam mā Ista'jama min Asmā al-Bilād wa-al-Mawāḍi',
Bayrūt: 'Alam al-Kutub. (in Arabic)
●Al-Hassan, A.Y. and D.R. Hill. (1987)
Islamic Technology: an illustrated history. Cambridge
University Press, Paris.
●Al-Jadir, S. (1981)
Arab & Islamic silver, Gulbenkian Foundation, London.
●Al-Lyaly, S.M.Z. (1990)
*The Traditional House of Jeddah: A Study of
the Interaction between Climate, Form and Living Patterns.*
Ph.D. Thesis, Department of Architecture,
University of Edinburgh, Edinburgh.
●Al-Gahtani, S.A. (1990)
An Overview of the Saudi Arabian Telecommunications System.
M.S. Thesis, Arizona State University, Tempe.
●Alitany, A.K. (2014)
*A New Strategy of ICT Integrated Methodologies
for 3D Documentation: A Case Study of the Projected
Wooden Windows (The Roshans) in the Historical City of
Jeddah (Saudi Arabia).*
Ph.D. Thesis, Universitat Plitécnica de Catalunya,
Barcelona.
●Amjad, M.A. and S. Alsayed (1998)
Properties of sand-lime and concrete brick/block
units manufactured in Riyadh, Saudi Arabia.
Arab Gulf Journal of Scientific Research 16(2): 297-317.
●Binzagr, Safeya (1979)
Saudi Arabia: An Artist's View of the Past.
Three Continents Publishers, Lausanne.

引用文献

●飯田孝一(2015)『琥珀』亥辰舎。
●石毛直道(1981)「文明の飲みものとしての茶とコーヒー」
梅棹忠夫監修、守屋毅編
『茶の文化:その総合的研究 第二部』淡交社、212-271頁。
●石山俊(2013)「食べ物としてのナツメヤシ」
石山俊、縄田浩志編
『アラブのなりわい生態系2 ナツメヤシ』臨川書店、262-266頁。
●岩崎望(2008)「宝石サンゴの生物学」岩崎望(編)
『珊瑚の文化誌──宝石サンゴをめぐる科学・文化・歴史』

東海大学出版会、3-27頁。
●片倉もとこ(1974)
「遊牧民集落の成立とその態容:サウディ・アラビア、
ウサイダの事例」『東洋文化』54: 130-164頁。
●片倉もとこ(1977)
「遊牧の女性ーアラビアの砂漠に生きる人たちー」

『世界の女性史14 中東・アフリカII 閉ざされた世界から』

評論社、185-220頁。
●片倉もとこ(1979)
『アラビア・ノート──アラブの原像を求めて』

NHK出版(2002年にちくま学芸文庫より再版)。
●片倉もとこ(1981a)「砂漠の結婚式」
『NHKみんなの科学 民族の知恵3』

日本放送出版協会、172-183頁。
●片倉もとこ(1981b)「アラブのもてなし」
『週刊朝日百科世界の食べもの西アジア2』44:99-103頁。
●片倉もとこ(1982)「沙漠に生きるベドウィンのテント」
梅棹忠夫監修
『世界旅行──民族の暮らし3住む・憩う一民家と家具、そして人の営み』日本交通公社出版事業局、110-119頁。
●片倉もとこ(1984)「荒野に生きる女たち」
『季刊民族学』28:6-23頁。
●片倉もとこ(1985)
「アラビアにおける族的結合の性格」川床睦夫編
『中近東文化センター研究会報告No. 6
中近東・イスラーム社会における族的結合』
(財)中近東文化センター、79-88頁。
●片倉もとこ 編(1987)『人々のイスラーム──その学際的研究』
日本放送出版協会。
●片倉もとこ(1987a)『沙漠へ、のびやかに』筑摩書房。
●片倉もとこ(1987b)「西アジアの都市生活」
『月刊みんぱく』5月号:12−13頁。
●片倉もとこ(1988)「海のベドウィン」森本哲郎、片倉もとこ、
NHK取材班著『NHK 海のシルクロード 第2巻
ハッピーアラビア帆走、シンドバッドの船』日本放送出版会、
233-276頁。
●片倉もとこ(1991)『イスラームの日常世界』岩波書店。
●片倉もとこ(1991)「中東から世界を見る」
『石川自治と教育』11月号: 24-34頁。
●片倉もとこ(1995)「ベドウィンと暮らして」
『さかーふぁ』5-13: 1-11頁。
●片倉もとこ(1995)
『「移動文化」考──イスラームの世界をたずねて』

日本経済新聞社(1998年に岩波書店より再版)。
●片倉もとこ(2008)
『イスラームの世界観──「移動文化」を考える』岩波書店。
●片倉もとこ(2008)『ゆとろぎ──イスラームのゆたかな時間』
岩波書店。
●片倉もとこ(2013)『旅だちの記』中央公論新社。
●片倉もとこ、佐藤信行、青柳清孝(1977)
『文化人類学──遊牧・農耕・都市』八千代出版。
●片倉もとこ、神崎宣武(1984)
「《対談》遊牧と農耕のモノの文化をたずねて
──移動と定住の生活技術をさぐる」『望星』
1984年3月号:47-48頁。
●片倉もとこ ほか編(2002)『イスラーム世界事典』明石書店。
●片倉もとこ、梅村坦、清水芳見編(2004)
『イスラーム世界』岩波書店。
●片倉もとこ記念沙漠文化財団(2017)
『片倉もとこ記念沙漠文化財団ニューズレター』

No.4、片倉もとこ記念沙漠文化財団。
●川喜田二郎(1967)『発想法──創造性開発のために』
中央公論社。
●川床睦夫(1992)「マシュラビーヤとクッラ」
『建築雑誌』1335: 8。
●川床睦夫(2006)「イスラーム時代の土製箱型香炉」
『シルクロード学研究』25: 1-191頁。
●黒田明伸(2003)
「第1章 越境する回路──紅海のマリア・テレジア銀貨」

『貨幣システムの世界史〈非対称性〉をよむ』

岩波書店、17-46頁。
●郡司みさお(1991)
『ハルム・アラビアの夢──住んでみた砂漠の国、
覗いてみた素顔の暮し』大和出版。
●郡司みさお(2006)
『恋するサウジ──アラビア最近生活事情』角川学芸出版。
●坂田隆(2014)「乾燥地に進出したヒトの能力」
縄田浩志、篠田謙一編
『砂漠誌:人間・動物・植物が水を分かち合う知恵』
東海大学出版部、37-44頁。
●坂田隆(2017)「砂漠で生きる ラクダにたよる人間の生活」
井上幸孝、佐藤暢編
『人間と自然環境の世界誌──知の融合への試み』
専修大学出版局、121-159頁。
●真道洋子(1996)
「トゥール遺跡出土のガラス製クフル瓶──イスラーム期の
練り込み装飾尖底小瓶の年代と用途をめぐる考察」
『Glass』40: 17-25頁。
●杉田英明(2002)「第一章 薔薇水」
『葡萄樹の見える回廊』岩波書店、1-52頁。

頁数	番号	和名	英名	عربي	年代	地域
125	2	手鍬	Short-handed hoe	فاروع	2013年(受入)	サウジアラビア
125	3	手鍬	Short-handed hoe	مسحات	2013年(受入)	サウジアラビア
125	4	かばん	Bag	شنطة	2013年(受入)	サウジアラビア
126		かご	Basket	سلّة	1980年代(収集)	サウジアラビア
127	1	かご	Basket	زنبيل	2013年(受入)	サウジアラビア
127	2	蠅帳(蠅入らず)	Food cover	قفّة	2013年(受入)	サウジアラビア
127	3	うちわ	Fan	مروحة / مهفة	1980年代(収集)	サウジアラビア
127	4	ござ	Mat for meal	منسفة / سفرة	1980年代(収集)	サウジアラビア
127	5	なべしき	Pot mat	نيفيه	2013年(受入)	サウジアラビア
128		オイルランタン	Oil lantern	فانوس	2013年(受入)	サウジアラビア
129	A	オイルランタン	Oil lantern	فانوس	2018年(撮影)	サウジアラビア
129	B	トランジスタラジオ	Transistor radio	راديو	2018年(撮影)	サウジアラビア
131	1	トランジスタラジオ	Transistor radio	راديو	2018年(撮影)	サウジアラビア
131	2	回転ダイヤル式電話機	Rotary-dial telephone	تلفون	2018年(撮影)	サウジアラビア
131	3	炭火アイロン	Charcoal iron	مكوة	2018年(撮影)	サウジアラビア
132		コーヒーポット	Coffee pot	دلّة	2013年(受入)	サウジアラビア
132		コーヒーカップ	Coffee cup	فنجان	1986年(受入)	スーダン
133	左	携帯用コーヒーカップ入れ	Container for coffee cups	شتّ الفناجيل / عمّرة	1980年代(収集)	サウジアラビア
133	右	コーヒーカップ	Coffee cup	فنجان	1980年代(収集)	サウジアラビア
134	1	香炉	Incense burner	مجمرة / مبخرة	1985年(受入)	サウジアラビア
134	2	香炉	Incense burner	مجمرة / مبخرة	1982年(受入)	サウジアラビア
135	3	香炉	Incense burner	مجمرة / مبخرة	1982年(受入)	サウジアラビア
137	1	バラ水用水差し	Rose-water sprinkler	مرش	1982年(受入)	クウェート
137	2	バラ水用水差し	Rose-water sprinkler	مرش	1982年(受入)	クウェート
137	3	バラ水用水差し	Rose-water sprinkler	مرش	1982年(受入)	クウェート
137	4	バラ水用水差し	Rose-water sprinkler	مرش	1982年(受入)	クウェート
137	5	バラ水用水差し	Rose-water sprinkler	مرش	2018年(受入)	サウジアラビア
140	1	鍋	Pot	قدر	2013年(受入)	サウジアラビア
140	2	菓子入れ	Box for confectionery	مطّ بقية	2013年(受入)	サウジアラビア
141	3	ひしゃく	Ladle	مغرفة / ملعقة	2013年(受入)	サウジアラビア
141	4	まな板	Chopping board	لوح التّقطيع	2013年(受入)	サウジアラビア
143		ほうき	Broom	مقشّة	2013年(受入)	サウジアラビア
147	1	通学用かばん	Schoolbag	شنطة	2013年(受入)	サウジアラビア
147	2	ライフル銃	Rifle	بندقية	2013年(受入)	サウジアラビア
147	3	コーヒーポット	Coffee pot	دلّة	1982年(受入)	アラブ首長国連邦
147	4	ノート	Notebook	دفتر	2013年(受入)	サウジアラビア
147	5	ノート	Notebook	دفتر	2013年(受入)	サウジアラビア
147	7	ポットつかみ	Potholder	بيز	1980年代(収集)	サウジアラビア
158	1	ふろしき	Wrapping cloth	بقشة	2019年(受入)	サウジアラビア
158	2	女性用晴れ着	Woman's best outerwear	عباءة / عباية	2019年(受入)	サウジアラビア
158	3	女性用頭紐	Woman's headband	عقال النسائي	2019年(受入)	サウジアラビア

頁数	番号	和名	英名	عربي	年代	地域
98		女性用飾面	Woman's face mask	برقع	2019年(撮影)	サウジアラビア
99	左下	女性用飾面	Woman's face mask	برقع	1970年代(収集)	サウジアラビア
99	右下	女性用飾面	Woman's face mask	برقع	1970年代(収集)	サウジアラビア
101		化粧品容器	Eye liner	مكحلة	1982年(受入)	サウジアラビア
102		首飾り	Necklace	قلادة	1989年(収集)	サウジアラビア
103		腰飾り	Belt	حزام	1982年(受入)	サウジアラビア
104		首飾り	Necklace	قلادة	1989年(収集)	サウジアラビア
105	1	首飾り	Necklace	ختمة	1982年(受入)	サウジアラビア
105	2	首飾り	Necklace	قلادة	1982年(受入)	サウジアラビア
105	3	首飾り	Necklace	نيشان	1982年(受入)	サウジアラビア
105	4	首飾り	Necklace	قلادة	1982年(受入)	サウジアラビア
105	5	頭飾り	Headdress	خرسان	1982年(受入)	サウジアラビア
105	6	首飾り	Necklace	قلادة	1982年(受入)	サウジアラビア
107	1	腕輪	Bracelet	الشميلة	2018年(撮影)	サウジアラビア
107	2	足輪	Anklet	خلخال	1982年(受入)	サウジアラビア
107	3	腕輪	Bracelet	الشميلة	1982年(受入)	サウジアラビア
107	4	足指輪	Toe ring	خاتم إبهام	1982年(受入)	サウジアラビア
108		指輪	Ring	خاتم	2018年(撮影)	サウジアラビア
109	1	指輪	Ring	خاتم	1982年(受入)	サウジアラビア
109	2	指輪	Ring	خاتم	2018年(受入)	サウジアラビア
110		首飾り	Necklace	قلادة	2018年(撮影)	サウジアラビア
111	1	首飾り	Necklace	قلادة	1982年(受入)	サウジアラビア
111	2	首飾り	Necklace	قلادة	1989年(収集)	サウジアラビア
113		首飾り	Necklace	قلادة	1989年(収集)	サウジアラビア
115		女性用飾面	Woman's face mask	برقع	1970年代(収集)	サウジアラビア
116		首飾り	Necklace	قلادة	2005年(収集)	サウジアラビア
119		水がめ	Water jar	جرّة	2018年(撮影)	サウジアラビア
119	1	一斗缶(ブリキ製18L缶)	18L square steel container	تنكة	2019年(受入)	サウジアラビア
119	2	ウォータージャグ	Water jug	حافظة ماء	2019年(受入)	サウジアラビア
119	3	蛇口	Water faucet	بزبو ز	2019年(受入)	サウジアラビア
120	1	やかん	Kettle	إبريق	2013年(受入)	サウジアラビア
120	3	ティーポット	Tea pot	إبريق الشّاي	2017年(収集)	アラブ首長国連邦
120	2	やかん台	Kettle trivet	مركب	2013年(受入)	サウジアラビア
121	4	火ばさみ	Fire tongs	ملقاط	2013年(受入)	サウジアラビア
121	5	コーヒー豆を煎るための浅い鍋	Coffee roaster	محماس	2013年(受入)	サウジアラビア
121	6	コーヒー豆を煎るための棒	Stick for coffee roast	يدّ المحماس	2013年(受入)	サウジアラビア
121	7	ふいご	Bellows	منفاخ	2013年(受入)	サウジアラビア
121	8	コーヒー豆をくだくための鉢と棒	Mortar and pestle for coffee beans	هون د و يدّ الهون د / نجر	2013年(受入)	サウジアラビア
121	9	コーヒー豆用じょうご	Measure for coffee beans	مبرد	2013年(受入)	サウジアラビア
123	2	コーヒーカップ	Coffee cup	فنجان	2018年(受入)	サウジアラビア
125	1	鎌	Sickle	محشى	2013年(受入)	サウジアラビア

掲載標本資料リスト

頁数	番号	和名	英名	عربي	年代	地域
37	A	女性用頭・髪覆い	Woman's headscarf	طرحة	1980年代(収集)	サウジアラビア
37	B	クッション(ひじかけ兼まくら)	Cushion/Support/Pillow	مسند	1982年(受入)	クウェート
37	C	ござ	Mat for meal	منسفة / سفرة	1980年代(収集)	サウジアラビア
37	D	女性用飾面	Woman's face mask	برقع	2019年(受入)	サウジアラビア
47		ポットつかみ	Potholder	بيز	1980年代(収集)	サウジアラビア
58	A,B	出窓	Bay window	روشان	1989年(受入)	エジプト
61	右	ランプ覆い	Lampshade	ثريا جدار	1989年(受入)	エジプト
61	左	腰かけ	Stool	كرسي / الكرويتة	1989年(受入)	エジプト
65	上	クッション(ひじかけ兼まくら)	Cushion/Support/Pillow	مسند	1982年(受入)	クウェート
65	左下	携帯用コーヒーカップ入れ	Container for coffee cups	شتّ الفناجيل / عمّرة	2013年(受入)	サウジアラビア
65	右下	コーヒーポット	Coffee pot	دلّة	2013年(受入)	サウジアラビア
69	1	男性用頭・髪おおい	Man's headscarf	شماغ	1982年(受入)	サウジアラビア
69	2	男性用内着	Man's dress	ثوب	2014年(収集)	サウジアラビア
69	3	男性用帽子	Man's headcloth	كوفية	1982年(受入)	サウジアラビア
69	4	男性用ズボン	Man's traousers	سروال	2014年(収集)	サウジアラビア
69	5	男性用サンダル	Man's sandals	شبشب شرقية	1982年(受入)	サウジアラビア
69	6	男性用外着	Man's dress	محاريد	2018年(撮影)	サウジアラビア
75	1	女性用外着	Woman's gown	محاريد	2018年(撮影)	サウジアラビア
75	2	女性用外着	Woman's gown	محاريد	2018年(撮影)	サウジアラビア
75	3	女性用外着	Woman's gown	محاريد	2018年(撮影)	サウジアラビア
77		女性用外着	Woman's outerwear	مسدّح	1980年代(収集)	サウジアラビア
78		女性用外着	Woman's outerwear	مسدّح	2014年(収集)	サウジアラビア
79	1	女性用晴れ着	Woman's best outerwear	عباءة / عباية	2019年(受入)	サウジアラビア
79	2	女性用肌着	Woman's underwear	سديرية, سروال	2018年(撮影)	サウジアラビア
79	3	女性用内着	Woman's gown	فستان	1989年(収集)	サウジアラビア
79	4	女性用内着	Woman's gown	فستان	2014年(収集)	サウジアラビア
80	2	女性用肌着	Woman's underwear	سديرية	1982年(受入)	サウジアラビア
80	3	女性用肌着	Woman's underwear	سروال	1982年(受入)	サウジアラビア
83		女性用外着	Woman's gown	محاريد	2018年(撮影)	サウジアラビア
85		女性用外着	Woman's gown	محاريد	2018年(撮影)	サウジアラビア
87	1	女性用内着	Woman's gown	فستان	2014年(収集)	サウジアラビア
87	2	女性用内着	Woman's gown	فستان	2014年(収集)	サウジアラビア
89		女性用内着	Woman's gown	فستان	2014年(収集)	サウジアラビア
91	1	女性用外着	Woman's outer garment	عباءة / عباية	2017年(収集)	サウジアラビア
91	2	女性用外着	Woman's outer garment	عباءة / عباية	1982年(受入)	サウジアラビア
92	1	女性用内着	Woman's gown	فستان	2014年(収集)	サウジアラビア
92	2	女性用内着	Woman's gown	فستان	2014年(収集)	サウジアラビア
93	3	女性用内着	Woman's gown	فستان	2014年(収集)	サウジアラビア
93	4	女性用内着	Woman's gown	فستان	2014年(収集)	サウジアラビア
97	上	女性用飾面	Woman's face mask	برقع	1970年代(収集)	サウジアラビア
97	中	女性用飾面	Woman's face mask	برقع	2019年(受入)	サウジアラビア

西本 真一(にしもと・しんいち)

日本工業大学建築学部・教授

特に古代エジプトの新王国時代に属する建築の復原作業を足がかりとして、近隣諸国の建築文化に関わる調査研究を進めている。サウジアラビアではサンゴ造の建築を対象としている他、紅海沿岸に位置する港湾都市であったハウラー遺跡の発掘調査に従事している。

藤本 悠子(ふじもと・ゆうこ)

片倉もとこ記念沙漠文化財団・事務局主事

フィリピンと日本を対象として、外国人移住女性のライフコース研究を行なってきた。2006年から片倉もとこ助手を務め、2015年からサウジアラビア、ワーディ・ファーティマにて、片倉もとこの調査をもとに現地女性から生活史の聞き取り調査を行っている。

古澤 文(ふるさわ・ふみ)

片倉もとこ記念沙漠文化財団・特別研究員
奈良女子大学大和・紀伊半島学研究所共生科学研究センター・協力研究員

主に中央アジアにおける乾燥地域農業の現代的変容について研究している。片倉もとこが撮影した写真整理とデジタル化を行い、それをもとに著作で描かれた当時のワーディ・ファーティマの状況や現在との比較・検討を行っている。

縄田 浩志(なわた・ひろし)

(略歴は奥付を参照)

サウジアラビアでは、2001年以降、アシール山地、紅海沿岸、ワーディ・ファーティマ地域で現地調査に従事してきた。研究成果には『Exploitation and Conservation of Middle East Tree Resources in the Oil Era』(松香堂書店、2013年、編著)、『村落開発と環境保全』(古今書院、2008年、分担執筆)、『サウジアラビアを知るための65章』(明石書店、2007年、分担執筆)等がある。

西尾 哲夫(にしお・てつお)

人間文化研究機構 国立民族学博物館・教授
総合研究大学院大学・教授

アラブ遊牧民(ベドウィン)の言語文化に関する言語人類学的研究を行っている。1999年度と2000年度にサウジアラビア考古博物館庁と共同で、アラビア半島をめぐるイスラーム世界の地域文化形成メカニズムに関する歴史人類学的研究を行った。

渡邊 三津子(わたなべ・みつこ)

片倉もとこ記念沙漠文化財団・特別研究員
奈良女子大学大和・紀伊半島学研究所共生科学研究センター・協力研究員

中央・南アジアを対象として、近現代の社会変化と景観変遷の研究を行っている。2018年以降、2度にわたってサウジアラビアで調査を行い、片倉もとこが遺したフィールド写真、衛星画像を比較しながら、ワーディ・ファーティマの景観変化を読み解こうとしている。

執筆者紹介（50音順）

アナス・ムハンマド・メレー

ムスリム世界連盟日本支部・代表理事
片倉もとこ記念沙漠文化財団・企画実行委員会
（日本・サウジアラビア文化交流担当）委員長

サウジアラビア、マッカ生まれ。アブドゥッラー国王奨学金プログラム第1期生として2007年来日。日本工業大学大学院博士課程でナノ材料工学を専攻。エンジニアとして非鉄金属メーカーに勤務後、2019年からムスリム世界連盟日本支部代表理事。講演・文化交流活動にも取り組む。

石山 俊（いしやま・しゅん）

人間文化研究機構 国立民族学博物館・プロジェクト研究員
片倉もとこ記念沙漠文化財団・理事

サハラ南縁およびサハラ・オアシスの生業と文化についての研究をおこなってきた。サウジアラビア、ワーディ・ファーティマにおける調査を2018年より着手した。これによってオアシス農業の50年間の変化を明らかにし、オアシスの生業・文化の地域間比較を進めていく。

遠藤 仁（えんどう・ひとし）

人間文化研究機構総合人間文化研究推進センター・研究員
秋田大学大学院国際資源学研究科・客員研究員

日本や南・西アジアを対象に考古学の研究を行っている。サウジアラビアでは、2017年以降3度にわたり調査を行い、物質文化を対象として、片倉もとこが収集したものや現地で過去に用いられていた道具や装身具等の製作・使用方法に関する研究を進めている。

片倉 邦雄（かたくら・くにお）

片倉もとこ記念沙漠文化財団・評議員会議長
日本・アラブ協会副会長

1960年外務省入省、アラビア語研修を経てサウジアラビア、エジプト等に勤務。一時国際交流基金に出向し、国際文化交流に携わる。外務省退官後、大東文化大学教授として中東問題を講義。1963年片倉もとこと結婚。

河田 尚子（かわだ・なおこ）

世界宗教者平和会議日本委員会・女性部会事務局長
片倉もとこ記念沙漠文化財団・理事

1981年から1993年まで国立民族学博物館で片倉もとこの秘書を務める。2015年、2018年にサウジアラビア、ワーディ・ファーティマの女性に聞き取り調査を行う。2016年にダンマンにて東部州文学クラブ国際会議に出席。現在は日本人女性のためのイスラーム勉強会を主催。

郡司 みさお（ぐんじ・みさお）

建築士
片倉もとこ記念沙漠文化財団・理事

1988年より湾岸戦争を除く3年半、サウジアラビアで暮らした経験をもつ。その間、民族服飾の収集分析に努め、新聞等で中東文化を紹介する活動を30年行う。2005年よりほぼ毎年サウジアラビアを訪問。『アラブ人の心をつかむ交渉術』（河出書房新社）、『恋するサウジ』（角川書店）、『ハルム』（大和出版）等の著書がある。

坂田 隆（さかた・たかし）

石巻専修大学理工学部・教授

ウシ、ヒツジの反すう胃や各種脊椎動物の大腸の機能に関する研究を行ってきたが、その延長でラクダの利用状況やラクダが乾燥地の文明に与えた影響の研究を始めた。すると、なぜヒトがラクダに依存する必要があったのかを明らかにする必要がでてきて、やむを得ずヒトの暑熱や乾燥への耐性の研究を行った。すると、ヒトの耐暑能力は高いが性差があって、これがサウジアラビアの衣服にどう反映しているのかを今回調べた。

竹田 多麻子（たけだ・たまこ）

横浜ユーラシア文化館・学芸員

イスラーム世界の物質文化を研究対象にして、それらに関わる展示を企画、実施してきた。本書をもととする企画展示の担当になったことがきっかけで、2018年末に初めてサウジアラビア調査に参加。女性に関わる生活用具を中心に、店や村の女性への聞き取り調査を行った。

縄田 浩志(なわた・ひろし)
秋田大学大学院国際資源学研究科・教授
人間文化研究機構 国立民族学博物館・特別客員教授
片倉もとこ記念沙漠文化財団・代表理事

人間・環境学博士(京都大学、2003年)。鳥取大学乾燥地研究センター講師、准教授、総合地球環境学研究所准教授を経て、現職。主な関心は、中東・アフリカを中心とした乾燥地域におけるラクダ牧畜システム、沿岸域の資源利用、ムスリム交易ネットワーク、伝統的知識と村落開発、統合的な資源管理等。編著書には『砂漠誌——人間・動物・植物が水を分かち合う知恵』(東海大学出版部、2014年)、『ナツメヤシ』『マングローブ』『外来植物メスキート』(臨川書店、2013年)、『ポスト石油時代の人づくり・モノづくり——日本と産油国の未来像を求めて』(昭和堂、2013年)、『Dryland Mangroves: Frontier Research and Conservation』(松香堂書店、2013年)等がある。

編集協力:小山茂樹(有限会社ブックポケット)
デザイン:佐藤大介(sato design.)
標本資料撮影:藤原一徳(スタジオイットク)

サウジアラビア、オアシスに生きる女性たちの50年
——「みられる私」より「みる私」——
Exploring 50 years of Livelihood and Landscape Change in Wadi Fatima, Saudi Arabia
Ethnographic Collections of Motoko Katakura, a Japanese Female Cultural Anthropologist

---

2019年6月6日　初版発行

編者:縄田浩志

発行:一般財団法人 片倉もとこ記念沙漠文化財団
〒151-0063 東京都渋谷区富ヶ谷2-21-1 駒場マンション610号室
TEL:03-6407-9873 FAX:03-6407-9090 http://www.moko-f.com

発売:株式会社 河出書房新社
〒151-0051　東京都渋谷区千駄ヶ谷2-32-2
TEL:03-3404-1201(営業) http://www.kawade.co.jp/

印刷:能登印刷株式会社

製本:株式会社 渋谷文泉閣

ISBN 978-4-309-92177-8